Muni

Über das Wesentliche

Muni

Über das Wesentliche

Ausgesuchte Texte
aus Satsang-Einführungen,
Talks, Antworten
und Live-Chats

Impressum

Bibliografische Information der Deutschen Nationalbibliothek:
Die Deutsche Nationalbibliothek verzeichnet diese Publikation in der Deutschen Nationalbibliografie; detaillierte bibliografische Daten sind im Internet über http://dnb.dnb.de abrufbar.

© 2022 Muni M. Weber

Dritte, stark verbesserte Auflage

Herstellung und Verlag: BoD – Books on Demand, Norderstedt

ISBN: 9783756243860

Hi, vermutlich wirst du, wie es in der Regel beim Lesen üblich ist, davon ausgehen, dass du alles verstehen musst, was hier geschrieben steht – bei diesem Buch, in dem es um das Wesentliche geht, ist wesentlich, es zu lesen und es wird dir dann mitteilen, was du davon verstehen musst und was du dann vielleicht zwei- oder dreimal liest, oder auch nicht.

Aber es wird, auch wenn du es dann nicht verstanden hast, trotzdem seine Wirkung in dir entfalten, einfach nur weil du deine Aufmerksamkeit darauf richtest.

Du kannst dich also entspannen und dich dabei selbst genießen.

Muni: „Was du glaubst, das bist du nicht,
und was du bist, das glaubst du nicht!"

Schülerin: „Das glaube ich dir!"

ॐ

„Da sind wir nun, gibt nichts zu tun,
außer in uns ruh'n!"

ॐ

„Der Verstand hat die Strategie,
dass er einerseits sagt, er will etwas loswerden,
andererseits im Unterbewusstsein
ständig dafür ackert,
dass es so bleibt, wie es ist.
Das ist die Kehrseite!
Wenn man nicht wirklich kehrt,
hat man eine Kehrseite!
Also: Take kehr!"

ॐ

Inhalt:

Leben und Tod

1 Wir wissen nichts, außer, dass wir existieren und dass diese Form wieder verschwinden muss

Was wissen wir schon über uns?

> *„Im Grunde genommen müssen wir uns zugestehen,*
> *dass wir gar nichts wissen!"*
> *Außer einem unwesentlichen Detail,*
> *nämlich dass wir existieren.*
> *Das ist alles."*

Und dass das, was „wir" hier als Form ausdrücken, als Körper, als Gedanken, als Gefühle, zwar aufgetaucht ist, aber auch wieder verschwinden muss. Das ist, was wir wissen.

Alles andere wissen wir nicht.

Wir wissen nicht, was und wie unsere Prägungen sind, wie wir auf die Umwelt reagieren, was tatsächlich geschieht – nichts davon wissen wir.

D.h., wir sind eine offene Frage, und die Frage ist, ob wir für unser Leben lang in dieser Frage, oder in einer Frage überhaupt, verharren wollen, oder ob wir uns nicht einfach der Antwort an sich öffnen, nämlich dem, dass wir lediglich wissen, dass wir sind.

Und in diesem Wissen liegt die Antwort auf alle möglichen Fragen.

ॐ

2 Das, was du nicht bist, stirbt, und das, was du bist, bleibt

Es geht hier um das große Sterben, nicht wie manche meinen, um das Sterben des „ich", sondern um das Sterben des Du, also um das Sterben der Idee, dass es jemand anderen gibt als dich, also außerhalb von dir noch jemand anderes existiert, ein Zweites existiert.

Diese Idee muss sterben, kein „ich" muss sterben.

> *„Ein „ich" kann nicht sterben.*
> *Was nicht da ist, kann auch nicht sterben.*
> *Aber die Idee davon, dass es eines gibt, muss."*

Und wenn es eines gibt, gibt es auch ein zweites, also dieses Du. Das ist das, was als Idee in uns sterben muss, damit Freiheit ist.

Und d.h., dass alle Ideen, die mit dem scheinbaren „ich" zusammenhängen, sterben müssen, also wir uns von den Ideen verabschieden müssen, die die Idee eines „ich" hat.

Da es alles nur Ideen sind, ist das ja wirklich nicht schwierig:

Ideen kann man ja einfach vergessen oder sie ablegen oder sich lediglich davon überzeugen, dass es keinen Sinn macht, sie zu haben.

Also da all das ja nur eine Idee ist, so wie auch die ganze Welt, warum dann nicht einfach die Idee dieser Welt vergessen?

Und dann sind auch ein „ich" und ein „du" in Vergessenheit geraten.

Das ist das, worum es hier und auch heute wieder geht. Also herzlich willkommen zum Sterben.

> *„Was muss sterben? Nicht das, was du bist, sondern das, was du nicht bist."*

Also kein Problem!
Wenn das, was du nicht bist, sterben muss, musst du ja nicht sterben, also ist Sterben kein Problem, oder?

Wie schlimm ist es für dich, wenn dein Nachbar stirbt? Das bist ja nicht du, der stirbt. So ähnlich ist das mit diesem scheinbaren „ich", das geht.

Also das, was du nicht bist, stirbt, und das, was du bist, bleibt!

3 Nach dem Tod bist du dir nicht mehr bewusst, dass du bist – du bist aber!

Es gibt kein ewiges Leben für jemanden, der denkt, dass er lebt, sondern das Leben selbst ist das Ewige, und das ist, was wir sind, und das gilt es zu erkennen.

Und.... dass man vor diesem Leben, diesem scheinbaren Leben, ist, danach sowieso, währenddessen aber auch.

Deswegen spielt es auch absolut gesehen nicht wirklich eine Rolle, ob Verwirklichung geschieht, weil alle scheinbaren Wesen ja doch in Wirklichkeit das Eine sind, und somit niemand als das Eine von allen anderen verschieden ist.

Aber für die Idee, ein Jemand zu sein, die das Bewusstsein ausdrückt, scheint es wichtig, sich zu verwirklichen.

Denn dieser Idee geht es in der Regel nicht gut, solange sie denkt, dass sie etwas ist, das getrennt von anderen existiert.

Um diese Aufhebung der Trennung geht es im Satsang, es geht dabei um die Verwirklichung der Qualität, dass man sieht, es gibt überhaupt nichts Getrenntes, es gibt nichts, was verschieden von dem ist, was Ich bin.

Jetzt sind wir wieder bei dem „Ich bin"!

> *„Es gibt nichts,*
> *was verschieden von dem ist,*
> *was Ich bin,*
> *aber auch nichts,*
> *was verschieden ist von dem,*
> *was Du bist."*

Also dieses „ich" und „du" gibt es nicht. Das ist nur ein Hilfskonstrukt, um kommunizieren zu können. Alles andere außer dem, was als Einziges ist, ist eine Illusion.

Der Traum endet mit dem scheinbaren Tod und du bleibst, aber nicht als die bewusste Qualität von „Ich bin".

Es ist nur in dieser Form des Mensch-Seins und dir dessen Bewusst-Seins möglich, dass du das bist, was „Ich bin" ist.

Und was bedeutet das? Das bedeutet, dass du existierst und dass du weißt, dass du existierst.

Nach diesem Leben oder nach dem Tod, ist dir nicht mehr bewusst, dass du bist, du bist aber. Das ist der Unterschied.

ॐ

4 Es gibt kein „ich", nur Ideen davon, und Ideen können nicht wiedergeboren werden

Die ganze Problematik wird schlagartig klarer, wenn ihr euch wirklich dessen bewusst seid oder es für euch wirklich wahr ist, dass ihr wisst, es gibt kein „ich", es gibt diesen persönlichen Faktor gar nicht, sondern nur Ideen davon.

Welche nichtexistente Idee kann sich über ein Leben hinaus in eine Form retten, die dann wiedergeboren werden kann?

Das ist völlig unmöglich! Das, was wir meinen zu sein, hat überhaupt keine Substanz, gar keine.

„Das Einzige, was Substanz hat,
ist das, was wir jenseits jeder Substanz sind."

Das ist das, was in unserem Körper den Ausdruck von uns selbst überhaupt energetisiert und ermöglicht.

Und das ist aber auch das, was über jeden Körper hinaus strahlt und als ständiger, subtiler Impuls das Universum überhaupt erst ermöglicht.

Das ist die Qualität, die wir sind.

Insofern spielt es absolut gesehen überhaupt keine Rolle, ob wir leben oder nicht, oder ob wir neben uns stehen oder nicht, denn auch wenn wir neben uns stehen, sind „wir" mittendrin, in dem oder als das, was „wir" sind.

Und es gibt nichts außer dem, außer sich hier abspielenden Mechanismen, die sich in einer ganz bestimmten Weise ausdrücken.

Das ist dann schon alles. Mehr ist nicht.

Alles Weitere sind Fantasieprodukte, die uns davon abhalten können, uns uns selbst zu widmen und mit dem Wesentlichen eins zu sein.

5 Es gibt keinen Tod – für wen?

Nach dem Tod, wenn der Körper dich verlässt

(das heißt im Grunde genommen ja nur, er löst sich auf und das Bewusstsein davon, das sich durch eine Form ausdrückt, löst sich auch auf, denn es ist ja an den Körper gebunden),

bist du dann wieder das, was du sowieso die ganze Zeit bist, nur bist du dir dessen vielleicht nicht gewahr.

D.h. Du bist es vor deinem scheinbaren Leben, währenddessen und danach ebenso, ohne Unterbrechung.

Das ist das, was keinen Prozess von Leben und Sterben kennt.

Das ist, was ist. Und das ist, was Ich bin, und das ist, was Du bist und alle scheinbar anderen auch sind – das Eine, was ist.

> *„Es gibt nur das Eine, und das, wie gesagt,*
> *wird nicht geboren, stirbt auch nicht,*
> *verändert seinen Bewusstseinszustand nicht,*
> *ist immer Das.“*

Da ist niemand, war niemand, hier ist jetzt niemand und danach ist auch niemand, somit ändert sich nichts.

Und wir müssen feststellen, es ist nichts passiert, niemandem und überhaupt ist nichts passiert.

Somit sind wir fein raus – weil wir nie drin waren. Und dann gibt es auch keinen Tod – für wen?

Freier Wille, Handlung, Verantwortung

6 *Du hast keinen freien Willen, alles passiert einfach nur*

Es gibt keinen freien Willen.

Was bedeutet es, keinen freien Willen zu haben?

Alles, was in uns auftaucht, und wie es die Form ausdrückt, unterliegt nicht unserem Einfluss.

Es wird durch die Form ausgeführt, die wir zu sein glauben, und der Glaube, es zu bestimmen, weil man sich nicht selbst davon überzeugt hat, was wahr ist, ist das Problem, so dass wir gar nicht merken, dass wir eigentlich nichts wirklich selbst entscheiden.

Aber es sieht so aus, weil in uns unter anderem sogenannte Gedanken auftauchen. (Die aber lediglich Informationen sind, die dir gewahr werden und nicht durch ein Denken entstehen.)

Aber wenn du schaust, in welcher Form sie auftauchen, nämlich vorgefertigt, an einem Stück, dann siehst du, dass du nicht wirklich denkst, sondern etwas in dir als fertiges Produkt auftaucht, das du Gedanke nennst, sich aber durch den Filter der Persönlichkeit lediglich ausdrückt.

Und so ist es mit allen anderen Handlungen auch.

„Alles geschieht einfach nur."

Wenn das verstanden ist, dann müsste es dich eigentlich erleichtern, denn du musst dich nicht mehr mit vielen Dingen beschäftigen, von denen du glaubst, du müsstest sie hinbekommen, und von denen du auch meist nicht weißt, wie es geht, sie hinzubekommen.

Und das, was wir am wenigsten hinbekommen, das sind „wir" selbst.

Also zu wissen, was für uns gut ist, und dann noch zu entscheiden, was stimmt, schaffen wir nicht wirklich.

Von daher ist es ganz gut, dass wir nicht selbst entscheiden, was passiert.

7 Du entscheidest nichts und bist nicht die/der Handelnde

Wer entscheidet denn?

Die Grundlage oder Energie für Entscheidungen in uns ist die Gewohnheit bzw. das, was aufgrund unserer Glaubenssätze durch die in uns angelegten Prägungen zur Gewohnheit geworden ist.

Dementsprechend wird alles durch den Filter der persönlichen Glaubenssätze entschieden.

Insofern treffen wir diese jeweiligen Entscheidungen nicht selber, da Entscheidungen immer nur so getroffen werden können, wie es der Filter erlaubt, und wir abgesehen davon auch gar nicht selber denken bzw. nicht bestimmen, was an „Gedanken" in uns auftaucht.

Es tauchen zwar immer Informationen auf, zu denen unser Energiesystem in Resonanz ist, aber sie tauchen wie gesagt in uns auf und werden nicht von uns selber bewusst produziert, bevor sie als Information in unserem Gewahrsein erscheinen.

„Wer oder was tut überhaupt irgendetwas?
Du jedenfalls nicht, du nie!
Das Bewusstsein spielt alle Rollen im Universum
und ist auch selbst das Universum."

Es projiziert sich als Individuen, als Menschen, die von Beginn an schon eine Persönlichkeitsstruktur haben, und dann glaubt es als dieser scheinbare Mensch, dass es der Körper ist, weil in ihm die Auswirkungen der Persönlichkeitsstruktur zu spüren sind (Gefühle, Reaktionen, Verhaltensweisen und Überzeugungen).

Da es glaubt, dass es der Körper ist, glaubt es dann auch daran, dass es das ist, was darin geschieht, und es das ist, was sich in ihm und durch ihn ausdrückt.

Und da es sich mit dem Körper und den Inhalten darin identifiziert, nennt man diese Identifikation damit ein scheinbar existierendes „ich" oder lateinisch Ego – und damit glaubt das Bewusstsein, dass es das ist, was es nicht wirklich ist.

Die Prägungen in uns existieren auch unabhängig von dem scheinbaren „ich", aber solange diese „ich-Idee" daran anhaftet, ist die Wirkung davon schmerzhaft, und man kann sich als das scheinbare Ego nicht vorstellen, dass man ohne Prägungen und damit ohne „sich" sein kann, denn das Ego glaubt ja, dass es diese Prägungen ist.

Wenn das scheinbare Ego nicht mehr anhaftet, verlieren sich viele Prägungen oder sogar die meisten, wenn man Glück hat.

Und trotzdem bleiben dann noch entsprechende Ausdrucksformen und stimmige Vorlieben der weitestgehend geheilten Persönlichkeitsstruktur, denn ohne gewisse Mechanismen als notwendiges Funktionieren, die vor dem Verschwinden der „ich-Struktur" erworben sind, gäbe es keinen Menschen auf der Erde.

Diese Mechanismen müssen erhalten bleiben, denn sonst kann sich das Bewusstsein nicht in der Form halten – es braucht immer ein paar, seien es auch nur wenige, Bezugspunkte, um den Fokus auf dem Erhalt des Körpers zu haben.

Sonst würde sich die Form auflösen – denn sie tut es dann, wenn der Treibstoff für diesen bestimmten Ausdruck verbraucht ist – dann zieht sich der Fokus des Bewusstseins zurück.

Reine Bewusstheit kann sich nicht im Körper halten.

Sie kann ohne Bewusstsein im Körper nicht funktionieren.

Die nach dem Auflösen der „ich-Identität" noch vorhandenen Tendenzen bestimmen von da an, in welcher Weise sich die jeweilige Handlung ausdrückt.

„Du bist das Gewahrsein von dem, was ist,
du bist das, was lediglich schaut, was ist."

Du bist die Bewusstheit darüber, dass du bist, dass du nicht die Prägungen und auch nicht nur ein Mensch bist.

Wenn sich Glaubenssätze und Muster verabschiedet haben, bzw. dein System sich jenseits der Polaritäten bewegt, drückt sich die Energie durch dein System in einer ganz anderen Qualität aus.

Und natürlich geschieht immer Handlung, denn in dieser Dimension gibt es keinerlei Stillstand, aber sie geschieht eben einfach und wird nicht von dir bestimmt oder ausgeführt.

Du kannst gar nicht bestimmen, ob, oder auf welche Weise, Handlung geschieht.

Das ist bei jedem Menschen der Fall, und ob er glaubt, dass er das bestimmt, was sich durch ihn ausdrückt, oder nicht, spielt keine Rolle.

Jeder Mensch ist Ausdruck von nicht bestimmter Handlung.

Der Unterschied von jemandem, der sagt, dass er seine wahre Identität kennt, und dem, der sie nicht kennt, ist der, dass verwirklicht ist, dass es keinen Bestimmenden, keinen Handelnden gibt.

8 Wenn du nicht weißt, was als nächstes ansteht, sieh' einfach, was sich entfaltet

Alles, was in uns auftaucht, oder alles, was sich in uns ausdrückt, ist in uns angelegt.

Niemand hat einen Überblick darüber, was angelegt ist, und wie und zu welchem Zeitpunkt oder in welchem Zeitraum es sich enthüllt.

Das ist so, wie aus dem Samenkorn eines Baumes ein Baum wird, mit Ästen, Blättern und den möglichen Früchten.

Alles entfaltet sich genauso, wie es in diesem Kern angelegt ist. Und so ist es auch bei uns, bei uns ist das angelegt, was sich ausdrückt.

Es gibt Menschen, die wissen, was sie tun sollen, die Klarheit darüber haben, was sie ausdrücken, was ihre Vorlieben oder ihre Fähigkeiten sind; aber die meisten Menschen wissen es nicht.

Und es ist wichtig, diese Haltung des Nichtwissens einzunehmen, dass man einfach schaut, was sich entfaltet, was beispielsweise die Vorlieben und die gegenteiligen Aspekte, die Abneigungen, sind, und dann zu sehen, was sich in der Folge als Handlung ausdrückt, und das immer mit dem Hintergrund, wir selbst entscheiden nicht, was wir tun.

Insofern ist die Perspektive, einfach zu sehen, was sich entfaltet (oder nicht), die allerbeste und dir wesensgleich.

> *„Wenn du weißt, was du willst, dann lebe danach.*
> *Sei dir treu und widme dich deiner Identität,*
> *und alles andere enthüllt sich dir einfach."*

Wenn du nicht weißt, was gerade ist oder als nächstes ansteht, was du beruflich tun solltest oder welcher Ausdruck für dich stimmig wäre, gilt es, dich auf deine wahre Identität zu besinnen und dich ihr zu öffnen, dich ihr anzuvertrauen.

Von dort bekommst du die Gewissheit, dass alles, was passiert, stimmt.

9 Eine Person ist und handelt arrogant, wenn sie glaubt, dass sie entscheidet, während dagegen in Demut Handlung und Verantwortung spontan geschehen.

Manches, dessen wir uns bereits bewusst sind, kann sich umgehend ändern, auf anderes können wir u.U. ewig warten, wenn dort viel Energie gebunden ist.

Das erfordert dann einfach, die entsprechenden Schlüsse zu ziehen, und "sich" zu sagen: „Das bediene „ich" nicht mehr, Ende!"

Manchmal geht es, manchmal nicht.

Das ist etwas ganz Praktisches. Mit der Einschränkung, dass das, was nicht ansteht, auch nicht geht.

Das ist einfach so.

Aber wozu führt das dann?

Im besten Falle zu Demut, und das ist ein guter Charakterzug einer „Nichtperson", demütig zu sein, denn die Person ist ohne Ende arrogant.

Sie kann nicht damit klarkommen, dass sie ein winziger, unbedeutender Lichtfleck im Universum ist.

Sie sieht sich als getrennt, und als etwas, das sie nicht wirklich ist, als ein Ausdruck von Verschiedenheit.

Sobald du denkst, dass du jemand bist, machst du dich klein, weil du das Ganze, das du bist, als das eine Einzige, aus dem Blick verlierst.

Und dann bist du in der Bedürftigkeit. Dann willst du und musst du und sollst du und all das.

Deswegen ist Demut so wichtig, denn wenn du siehst, da wirkt eine größere Kraft, die das alles arrangiert, ohne dass sie irgendetwas tut (das ist das Besondere daran), und das dann noch dazu führt, dass du siehst, dass diese Kraft in dir bewirkt, dass du dich deiner wahren Identität widmest und zwischendurch sogar schon zufrieden bist, was kannst du da anders sein, als dankbar, und sehen, dass du das selber nie hinbekommen würdest.

Es kann natürlich sein, dass man eine Weile glaubt, dass man das selber hinbekommen hat, aber eine Öffnung ist immer ein Geschenk, wie auch die Erinnerung an uns selbst immer ein Geschenk ist.

Die Erinnerung an deine wahre Identität, oder dich jetzt auf sie auszurichten, geschieht einfach.

Dafür tust du gar nichts.

> *„Da eine „Person" sich grundsätzlich*
> *als unbedeutend ansieht,*
> *muss sie immer versuchen,*
> *sich als bedeutend darzustellen,*
> *und das ist das Gegenteil von Demut,*
> *das ist Arroganz."*

Ein Aspekt von Arroganz ist zu glauben, dass man entscheidet. Und der Nachteil ist, wenn man glaubt, dass man entscheidet, sich verantwortlich, sich schuldig und falsch zu fühlen, und das ist nicht aushaltbar.

Und das Interessante ist, wenn wir wissen, dass wir keine Verantwortung haben, weil wir nicht entscheiden, was wir tun, umso mehr (scheinbare Verantwortung) übernehmen wir, viel mehr Verantwortung als jemand, der glaubt, er hat die Verantwortung, und machen es viel besser, weil der, der meint, er müsse es aus seiner persönlichen Bedürftigkeit heraus richtig machen, seine Verantwortung und das, was er tut, den anderen anlastet.

Dann wird es kritisch, wird es schwierig. Welchen Effekt hat dann die Verantwortung?

Einen gefangen nehmenden!

Mit dem zu sein, was gerade ist, in dieser Spontaneität von dem, was sich zeigt, Ausdruck von Handlung ohne Konzept zu sein, ist fantastisch.

Du tust dann, was notwendig ist und dein System möglich macht, aber nicht, was du denkst, was jetzt gut für dich oder für andere wäre.

10 Ob im Leben oder Sterben, du hast nichts unter Kontrolle, aber du darfst Zuschauer sein

Auch das Sterben gehört zum Leben dazu.

Es ist in dir in jedem Moment der Fall.

„Wenn wir sehen könnten,
dass wir dieses Ununterschiedene,
und als Widerspiegelung dessen im Körper
das reine Gewahrsein sind,
dann könnten wir aus dieser Perspektive damit
einverstanden sein,

dass der körperliche Zerfall ein natürlicher Prozess ist,
der uns als dieses wahre Ich, das wir sind,
nichts anhaben kann."

Der Körper kommt und geht, hat aber deinen wahren
Zustand in keiner Weise verändert.

Nicht vor deiner Geburt, nicht danach und auch nach
dem Ableben nicht.

Also dein Zustand, diese wahre Ich-Qualität, ist immer
da und ist als das Gewahrsein von dem, was passiert,
auch in deiner Form präsent.

Mehr nicht.

Also das Leben Selbst greift nicht ein, es tut gar nichts.

Aber es ist.

Aber nicht so, wie wir es uns vorstellen.

Es ist so sehr „da", dass wir nämlich genau das sind,
so dass es keinen Unterschied von uns zu Leben
Selbst gibt.

> *„Und eine Widerspiegelung davon,*
> *der höchste Ausdruck*
> *dieser Qualität von Leben Selbst*
> *in dieser Form,*
> *ist, zu sehen, was passiert."*

Mehr hat nicht mit dir zu tun, also was auch immer
sonst passiert, oder nicht passiert, hat nichts mit dir zu
tun.

Und das ist natürlich der totale Abschied von dem, was man sich so mühsam aufgebaut hat und meint, unter Kontrolle gehabt zu haben.

Aber in keinem Moment hattest du jemals irgendetwas unter Kontrolle, aber schau selbst, ob das so stimmt.

Wir müssen einfach nur schauen, wie unser Leben abläuft, was darin passiert, was wir bestimmen, was wir wirklich bis ins kleinste Detail bestimmen, wenn wir von uns sagen können, dass wir es unter Kontrolle haben.

> *„Sehen zu wollen, was ist,*
> *ist für uns Beweis genug,*
> *denn wenn wir wirklich sehen wollen*
> *und keine vorgefasste Meinung haben,*
> *sehen wir auch, was wahr ist,*
> *denn wir sind die Wahrheit Selbst.“*

„Ja, ich weiß, schlimmer kann's nicht kommen.“

Was bedeutet das denn, dass man die Wahrheit Selbst ist?

Dass man sie nicht mehr suchen muss, oder?

Ich meine, bessere Nachrichten gibt's doch nicht!

Es kann aber sein, dass man in das Suchen verliebt ist, und dann natürlich nach einer Richtung sucht, in der man weiter suchen kann.

Da suchst du dann in Richtungen, die es eigentlich gar nicht gibt. Tatsächlich ist deine wahre Identität ja nirgendwo nicht, aber das macht ja nichts, denn du willst sie ja gar nicht finden, ganz klar.

Also jedes Suchen ist die Verhinderung für das Finden oder Erkennen davon, dass es nichts zu suchen und nichts zu finden gibt.

Wenn also Suchen passiert, bist es nicht du, nicht wahr?

> *„Wenn Verzweiflung passiert, bist es nicht du,*
> *wenn Ungewissheit ist, bist es nicht du,*
> *wenn Kontrolle ist, bist es nicht du,*
> *und wenn Freude und Glücklichsein empfunden wird,*
> *bist es auch nicht du."*

Aber du darfst Zuschauer von dem sein, was sich in dieser Form als Wahnsinn ausdrückt.

Satsang

11 Auf der Suche

Die meisten Menschen sind auf der Suche.

Und natürlich ist es in spirituellen Kreisen inzwischen verpönt zu suchen, aber wenn man sich von seiner wahren Identität entfernt hat, was will man machen?

Dann ist die Energie natürlich dafür da zu suchen, auch wenn man oft nicht weiß, was man sucht und schon gar nicht wo.

Die Suche erfüllt sich durch das Suchen.

Also wenn man dann genug gesucht hat, und die Energie von dieser Verzweiflung, dass man seine wahre Identität nicht kennt, aufhört, weil sie sich in der Suche erschöpft, dann kann man mit der Suche aufhören oder mit dem Versuch, sich zu finden, vorher nicht.

Es gibt gar keine Chance, dass man vorher aufhört, bevor nicht die Energie der Suche ausgelaufen ist.

Dafür muss man natürlich zunächst mal angefangen haben – und wodurch fängt sie an?

Sie fängt dadurch an, dass man sich verliert, weil man in Bezug auf seine wahre Identität ignorant ist, so dass man nicht weiß, dass man das eine Ganze ist, sondern denkt, man sei ein getrennter Teil.

Und der sucht sozusagen seine Ergänzung.

Und die wenigsten wissen, dass sie eigentlich ihre wahre Identität suchen.

„Deswegen suchen sie dann irgendwo
in der Welt nach irgendeiner Form von Erfüllung,
die sie aber glücklicherweise nicht finden,
denn würden sie sie dort finden,
wären sie immer noch relativ unglücklich,
weil man immer erst dann glücklich ist,
wenn man seine wahre Identität kennt,
und das lebt, was man wirklich ist.
Bevor man das nicht kann,
ist man immer unglücklich."

D.h., die meisten Menschen auf dieser Erde sind unglücklich, weil sie auf der Suche nach sich selbst sind.

Hätten sie sich gefunden, wäre die Welt eine andere, sie hätte eine grundsätzlich andere Qualität, eine die zumindest friedlicher wäre.

Suchen wird ja auch mit „kriegen" gleichgesetzt, also etwas bekommen wollen, und viele veranstalten deshalb sogar tatsächlich einen Krieg.

So weit geht das, das nimmt sogar diese Dimension an, dass man meint, man müsse ein Land erobern, und ein Land genügt natürlich nicht, denn wer hat schon jemals als Person genug?

Das kommt daher, weil er doch als die Idee einer „ich-Illusion" auf ein bisschen reduziert ist und sich als das wahre Ganze trotzdem unbewusst kennt, muss er dann die ganze Welt erobern.

Und das ist die Lage, in der wir uns zur Zeit befinden, und die wird sich leider auch so schnell nicht ändern.

Damit sich etwas ändern kann, muss gesehen werden, dass man das, was man ist, nicht durch Suchen erreichen oder verwirklichen kann, sondern indem erkannt wird, dass man das, was man sucht, immer schon ist. Und dazu gehört Bewusstheit.

Diese ist aber auch nur in der Lage zu wirken bzw. klar zu sehen, wenn die Überlagerungen von uns nicht wirken. Und die ständig nach außen gerichtete Suche ist eine Form der Überlagerung.

Erst dann zeigt sich die Bewusstheit. Umgekehrt funktioniert es nicht.

Mitten im Sumpf steht die Bewusstheit nicht zur Verfügung, aber wenn der Sumpf anfängt auszutrocknen oder ausgetrocknet ist, dann ist eine Öffnung in Bewusstheit.

„Wir sind hier auf dieser Erde
von den Prägungen,
mit denen wir geboren sind,
und von dieser Form abhängig,
auch in Bezug auf Bewusstheit,
obwohl wir das reine Gewahrsein sind.“

Und das ist das Paradoxon, das ist die Schwierigkeit, mit der man als Mensch hier auf der Erde lernen muss zurechtzukommen.

ॐ

12 Satsang bedeutet, sich der Wahrheit, also sich selbst, zu widmen

Satsang bedeutet, sich der Wahrheit zu widmen bzw. bestenfalls auch noch in Gemeinschaft mit einem Lehrer zu sein, der die Wahrheit kennt.

> *„Worum geht es denn im Satsang?*
> *Es geht nur darum, zu erkennen,*
> *dass man selber Satsang ist,*
> *also „Sat", die Wahrheit.*
>
> *Und wir wissen das,*
> *denn wenn wir uns als die Wahrheit Selbst erkennen,*
> *dann wissen wir auch,*
> *dass wir das immer schon wussten."*

Und nur weil wir es wissen, sind wir der Maßstab für das, was Wahrheit als und in uns selbst ist.

Also geht es darum, uns selbst zu erkennen.

Und warum müssen wir uns kennen?

Weil wir auf Grund der Vorgaben von einschränkenden Eigenschaften etwas leben, das uns begrenzt, kann unser wahrer Ausdruck nicht gelebt werden, wir leben stattdessen, was uns nicht entspricht, somit können wir uns natürlich nicht kennen.

Die daraus folgenden, in der Regel schrägen, Ausdrucksweisen bewirken Leid, weil sie uns und damit wir uns fremd sind.

Was wir sind, kann in uns kein Leid hervorrufen – im Gegenteil.

Viele Menschen wissen gar nichts davon, dass es diese leidfreie Qualität gibt, dennoch sind sie sie selbst.

Und sie sehnen sich sogar nach dieser Qualität, ohne es zu wissen, denn es ist doch so, dass sich die meisten Menschen auch gerne dem Schlaf anvertrauen.

Und was ist im Schlaf anders, als dass die ganzen persönlichen Aspekte, inklusive der Wahrnehmung von dieser Form, also diesem Körper hier, und allen Gefühlen und Gedanken, aus dem Bewusstsein verschwunden sind.

Und das ist die Erholung, die Qualität, die uns wieder Energie für das nächste Wachwerden zur Verfügung stellt.

Um nichts anderes geht es uns, um diese Qualität, die von der Person befreit ist.

Und nun ist der Tiefschlaf noch nicht die Qualität, die Freiheit selber ist, weil ja normalerweise danach immer wieder das auftaucht, was wir nicht sind, also im Wachzustand die sogenannte Persönlichkeit.

Es geht darum, aus dem Traum (im Schlaf) und aus dem Tiefschlaf nicht nur in den (Traum–) Wachzustand wach zu werden, sondern darüber hinaus auch noch aus dem (Traum–) Wachzustand in das wach zu werden, was wir sind, in die Qualität, die noch nicht einmal Kenntnis von einer Person hat, und diese dann natürlich auch nicht bedienen kann, so dass all die persönlichen Aspekte wegfallen, die Leid verursachen, und diejenigen, die übrig bleiben, Weisheit, Liebe und Bewusstheit ausdrücken.

Und das ist ein zufriedenes Leben.

Ich bin sicher, alle Menschen wollen das, nur sie wissen nicht, wie.

Deswegen sind wir hier im Satsang.

Herzlich willkommen zu dieser Qualität.

Ich hoffe, ihr könnt sie schätzen, also euch selbst (denn was man nicht ehren kann, dem misst man auch nicht genügend Bedeutung bei), so dass du dem eine Chance gibst, damit es sich in deinem Leben ausdrücken kann.

Ja, um nichts weiter geht es: Offen zu sein für die Qualität, die man ist, wissen zu wollen, ob man sie ist oder dass man sie ist, oder was man ist, und sie sich dann durch die Praxis zu bestätigen.

Manche meinen, für diese Praxis braucht es eine Anstrengung und bezeichnen das als einen Weg.

Je nachdem, wie deine Bewusstheit ist und welche Qualität du wählst, der du dich öffnest, sieht das so aus, weil es möglicherweise gewisser Anstrengungen bedarf, um das Gegengewicht zu den persönlichen Aspekten zu schaffen.

Aber tatsächlich ist es kein Weg, es ist auch keine Annäherung, es ist im höchsten Fall eine Bestätigung einer Identität, die man immer ist.

„Denn es gibt nichts außer unserer wahren Identität
und die ist überhaupt nicht weit weg,
denn es gibt keine Distanz zu dem, was wir sind."

Somit müssen wir uns nur bestätigen, dass wir es sind.

Und das braucht nur einfach dieses Öffnen, dieses Schauen.

Damit genügt es, sich dem zu öffnen, was man ist.

Wenn man darin die Welt auftauchen sieht, und dann im Zusammenhang mit unserer Form des Ausdrucks irgendwelche persönlichen Schwierigkeiten sichtbar werden, dann braucht es nur dieses Zurückkehren zu der Qualität, in der all das stattfindet.

„Denn DAS, in dem sich alles abspielt,
ist DAS, was die Wahrheit ist,
und ist auch, was du bist."

Es gibt kaum etwas, was einfacher ist als das, denn wir sind nun mal das, was wir sind, es klingt ja beinahe logisch, wenn wir sagen, wir sind DAS, und wir können natürlich nicht werden, was wir bereits sind, also gilt nur zu bestätigen bzw. sich immer wieder daran zu erinnern oder sich zu vergewissern, dass es so ist.

ॐ

13 Die Wahrheit enthüllt alles, was nicht wahr ist

Die, die am meisten vor sich selbst verbergen, haben am meisten Angst vor dem Licht oder vor der Liebe oder ihrer wahren Identität, weil die schonungslos alles enthüllen, was nicht wahr ist.

Und wenn du ein Leben lebst, das nicht wahr ist, bist du ständig damit beschäftigt, zu versuchen zu verhindern, dass es ans Licht kommt.

ॐ

14 Wirkliches Verstehen und Erforschen geschehen nicht auf der Ebene des Verstandes, sondern auf der Ebene des Sehens und der Präsenz

Noch ein paar Worte zum Erforschen, was das ist und wie das geht:

Das ist nicht so schwierig, dass man dafür besondere Anlagen bräuchte, mit denen man alles erfassen könnte, so dass der Verstand wieder mal die Hauptrolle spielen würde, sondern es ist einfach das Sehen als Da-Sein, als präsent Sein.

> *„Wenn du präsent bist*
> *und einfach nur schaust*
> *oder wissen willst,*
> *siehst du und weißt du,*
> *aber auf einer Ebene,*
> *die wesentlicher ist, als die,*
> *die versucht zu verstehen."*

Es gibt zwei Ebenen des Verstehens oder Verstehen-Wollens, die eine ist für die persönliche Vorteilslandschaft und die andere ist für das „Wirklich-Wissen-Wollen", was ist, und nicht, was man sich vormacht.

Und für diese Vormachtstellung des „sich nichts Vormachens" braucht es einfach nur das Da-Sein, das totale anwesend Sein.

Und darin enthüllt sich dir alles, weil du nicht mehr in das persönliche Wollen verstrickt bist.

Wir sehen immer wieder, wenn die persönliche Ebene nicht mehr bedient wird, zeigt sich eine andere Ebene, die diese persönliche Ebene toppt, und zwar locker, ganz locker.

Und interessanterweise hat sogar die persönliche
Ebene etwas davon.

15 Satsang bringt die Empfindsamkeit wieder zum Vorschein, die wir hatten, bevor wir uns vor Verletzungen schützen mussten, und die wir brauchen, um die Freiheit und den Frieden zu sehen

Viele Menschen sind vor allem damit beschäftigt, ihre
Lebensumstände zu ändern, während es bei dem, was
wir sind, um etwas ganz anderes geht.

Es geht um die Erfüllung in jedem Moment, unabhängig
von jedem äußeren Umstand. Das ist eine andere
Schiene, jenseits jeder Schiene.

Die Lebensumstände sind oft der Grund, weshalb sich
Menschen für Spiritualität, für Engel, für was auch
immer öffnen, und dann möglicherweise auch
irgendwann für Satsang.

Sie kommen in der Regel nicht weit – unter anderem
auch deshalb, weil sie das, was sie anders haben
wollen, aus der persönlichen Perspektive mit ihren
alten Vorstellungen, Erwartungen und
Vermeidungsstrategien versuchen und sich damit
immer noch auf derselben Ebene aufhalten, wo die
Probleme liegen, die sie aber verlassen müssen, soll
sich etwas grundlegend ändern.

Sie geben dann schnell auf, weil es für sie natürlich auf diese Weise nicht weiter geht.

> *„Tendenzen entstehen ja vor allem deshalb,*
> *weil man sich dem nicht stellen kann,*
> *was gerade ist.*
> *Und die Lösung dafür ist,*
> *sich dem zu stellen."*

Es ist nicht einfach, aber vom Prinzip her einfach, sehr klar.

Und wenn man das sieht, dann muss man sein Leben eigentlich nur unter dem Gesichtspunkt betrachten, wie vermeide ich oder in welcher Weise ist mein Leben eine Vermeidung von einer Verletzung, die mir vielleicht noch nicht einmal bewusst ist, ich aber darunter leide.

Dann ginge es darum zu schauen, in welcher Form vermeide ich?

> *„Im Vermeiden sind alle Menschen Weltmeister,*
> *alle Menschen tun das, außer dem beinahe nichts.*
> *Zwischendurch ist dann gerade mal*
> *5 Minuten Zeit für Meditation.*
> *Das ist leider wahr."*

Tatsächlich sind wir empfindsame, noch nicht einmal Wesenheiten und noch nicht einmal ein Körper; wir könnten sagen, wir sind Seismographen für energetische Verwerfungen, für subtile Veränderungen.

So starten wir ins Leben und das verliert sich auch nicht, das bleibt, denn das wird wieder sichtbar, wenn wir die Folgeerscheinungen unserer Themen nicht mehr leben, die diese Empfindsamkeit überlagern mussten, weil es nun mal eben ein kriegerisches Erleben ist, dass andere von uns etwas kriegen wollen und wir auch etwas kriegen wollen, und das natürlich jeweils verhindert werden will.

Aber wenn man das durchschauen kann und an diese Verletzungen herankommen kann, ist das ein Segen, ein Geschenk.

> *„Auch an den Schmerz heranzukommen,*
> *ist ein Segen, weil man dadurch gezwungen ist*
> *hinzuschauen und die Möglichkeit hat,*
> *zu verstehen, was man früher nicht konnte."*

Und was kommt dann zum Vorschein?

Da kommt natürlich diese Empfindsamkeit wieder zum Vorschein, die Fähigkeit, ein Seismograph für subtile Wellen von Erfahrungen und Erleben zu sein.

Dadurch empfindet man dann auch die verdrängten Verletzungen, die noch nicht gesehen, noch nicht erlöst sind, intensiver, weil das System wieder in diese Empfindsamkeit gekommen ist, in der es früher war, als die Verletzung geschehen ist.

Die Verletzungen geschehen nahezu bei uns allen in einem Alter, in dem wir noch empfindsam und offen sind, und dann geschieht ein reflexartiges sich Schützen.

In der Phase wissen wir gar nicht, wie es gehen könnte, damit zurecht zu kommen.

Diese Reaktionen in uns auf das, was in uns passiert, und das Verdrängen der als bedrohlichen empfundenen Erfahrungen, führt dazu, dass wir in dieser Energie ein ganzes Leben verbringen, bis die „Gnade" es will, dass es sich so stark potenziert oder es eine Öffnung in Leidfreiheit gibt, so dass wir überhaupt sehen können, aha, das was ich da gerade erlebt habe, das war Leid, das habe ich vorher gar nicht gemerkt.

> *„Im Laufe des Lebens*
> *wird diese Empfindsamkeit zwar zugeschüttet,*
> *aber das, was hier im Satsang wirkt, ist,*
> *dass die Aspekte, die diese Empfindsamkeit*
> *zurückdrängen und überlagern,*
> *reduziert und stillgelegt werden."*

Ja, sie werden durch die Qualität von Stille und Präsenz stillgelegt und dadurch taucht automatisch die Empfindsamkeit wieder auf, ebenso wie die Kenntnis, wie man funktioniert, wie man ist, wie es einem geht und vielleicht dann sogar noch, wenn die „Gnade es so will", dass man weiß, was man wirklich will oder sogar was man ist.

„Das ist, was wir nicht machen können,
das ist etwas, das hier geschieht."

Ohne die Qualität dieser Empfindsamkeit haben wir keine Kenntnis von diesen subtilen Ebenen von Freiheit, die sich als Konstanz in uns bemerkbar machen. Sie sind ja nie weg, sie sind immer da, der vollkommene Frieden, den du dir ersehnst, der ist jetzt da.

Er ist nur überlagert, es ist also nur eine Wolke vor der Sonne, sonst nichts. Die Sonne strahlt dennoch in voller Blüte, in voller Pracht.

„Und ja, durch das Öffnen im Satsang geschieht,
wenn es ansteht,
dass Schicht um Schicht abgeschält wird
oder einfach wegfällt,
und man dann jenseits der Schichten
(Geh-Schichten) sehen kann –
aha, darunter strahlt die Sonne."

Also ist der Wunsch nach Freiheit der Wunsch nach dem Abfallen von den Geschichten, die das überlagern, was wir sind, und nicht ein Frei-sein-Wollen im Sinne von „erleuchtet" sein wollen.

Niemand wird hier erleuchtet!

Das ist ein Zustand, oder eine Qualität, die einfach gegeben ist. Sie ist als Einziges gegeben und sie bleibt auch als Einziges.

Alle anderen Geschichten ringen ums Überleben, durch die Idee einer persönlichen Struktur und ein vermeintliches „ich" darin.

Das kann wegfallen, weil es nichts mit dir zu tun hat – die Idee eines „ich" hat nichts mit dir zu tun.

ॐ

16 Das Enthüllen der Qualität, die wir sind, ist Gnade, auch wenn es weh tut

Ich verstehe unter Gnade nicht nur die Qualität, die wir sind, sondern auch das Enthüllen dieser Qualität.

Und das geschieht nicht immer so, dass es wie Schönheit oder wie ein Geschenk aussieht, sondern auch ein Verlust, eine Verletzung, oder ein Drama sein kann.

Denn Vieles, das durch Umstände, die wir als nicht positiv einstufen, wegfallen kann oder einfach wegfällt, würden wir merkwürdigerweise nie gehen lassen, wenn wir es entscheiden könnten, weil wir bei jedem Wegfall unserer Aspekte befürchten müssen, dass es unseren Tod bedeutet, weil wir nun mal damit identifiziert sind.

Aber viele Dinge fallen einfach so weg und Verletzungen zeigen sich, die gesehen und gegebenenfalls angeschaut werden müssen, damit das, was dahinter ist, nämlich diese Qualität, die wir sind, überhaupt sichtbar wird.

Wir verteidigen schrägerweise mit allen Mitteln das, was wir nicht sind.

> *„Das nennt man Person:*
> *eine ausgeklügelte Verteidigungsstrategie,*
> *entsprechend der persönlichen Prägungen,*
> *um sich vor allem selbst zu erhalten."*

Das aufzubrechen erfordert eine Intervention von höherer Warte, aber glücklicherweise ist diese in uns vorhanden.

Leider haben wir selten Kenntnis davon.

Weil es uns als eine Person meist miserabel geht, wollen wir natürlich nur angenehme, aus unserer Sicht positive Veränderungen.

Und wir sehen nicht, dass das eigentlich Positive darin besteht, dass die Idee verschwindet, dass uns nur das scheinbar Schöne und Gute und Aufregende, sondern genauso das scheinbare Unglück dient, und die Anhaftung an sowohl das eine, wie auch an das andere uns schadet, weil es uns bindet.

> *„Was wir meist anstreben,*
> *ist nicht Balance, Harmonie und Qualität,*
> *unabhängig von allen Umständen,*
> *sondern wir wollen bestimmte Umstände,*
> *die unserer Vorstellung entsprechen sollen."*

Nicht, dass wir nicht glücklich sein dürfen, um das nicht falsch zu verstehen.

Aber das Anhaften an bestimmte Zustände, besondere Zustände, ist genauso tödlich wie das Anhaften an diese Idee, jemand zu sein, oder sich durch Leid zu definieren.

Und du musst es leid sein, damit du davon überzeugt bist, das nicht mehr zu bedienen.

„Die Gnade durchkreuzt, wenn man Glück hat, diese Vorstellungen und erlöst sie, wenn gesehen wird, dass ein momentaner, von äußeren Umständen abhängiger Glückszustand nicht das sein kann, was du bist, und dich deswegen auch nicht zufrieden stellen wird."

Du hetzt sonst immer bestimmten Umständen hinterher, die ES niemals sind.

Also ist es Gnade, wenn das wegfällt. Und das kann natürlich trotzdem weh tun.

Das tut weh, weil du glaubst, man nimmt dir die Freude am Leben.

Tatsächlich nimmt man dir nur das Anhaften an Ideen von Umständen, die dich immer wieder aufs Neue herunterziehen.

Wir könnten deswegen sagen, alles ist Gnade, und so ist es nun mal auch, aber das ist davon abhängig, welchen Blickwinkel man einnehmen kann.

Der Blickwinkel eines reifen, weisen, vorsichtig ausgedrückt „Suchers", ist nun mal der:

„Alles darf sein, was ist,
und alles, was auftaucht,
ist eine Möglichkeit für mich,
zu durchschauen, wer ich bin,
mich zu kennen, mich zu erforschen,
nämlich das, was ich wirklich bin,
diese Qualität hinter all den Strategien
der Idee einer Person."

Dann siehst du, alles ist Gnade. Jeder Umstand dient dir, etwas in Form deiner Strukturen zu erkennen, zu durchschauen und gehen zu lassen, jeder Umstand, in jedem Moment.

Jemand, der wirklich die Freiheit will, ist ständig damit beschäftigt.

Und was ist der Umstand?

Du! Du bist der Umstand, als persönlicher Ausdruck in einem Körper.

Wenn das jeweilige Ereignis einfach „durchlaufen" kann, dann ist das Ausdruck perfekter Gnade, dem einfachen Sehen von dem, was auftaucht, ohne Einmischung, d.h. nicht, dass du dann nur noch teilnahmslos in der Gegend herumstehst und nichts mehr tun kannst, sondern ohne aus der Fassung zu geraten, das zu tun, oder zu lassen, was ansteht, wenn es denn ansteht.

ॐ

17 Im Satsang reduzieren wir uns zur Bedeutungslosigkeit

Satsang ist das Wegfallen von Ideen, die wir von uns haben, von dem, wie wir sind, wie wir sein sollten, und der Distanz dazwischen.

Spannenderweise ist es so, dass es vielen Angst macht, wenn das Wegfallen der falschen Ideen geschieht:

„Was – Keine Ziele mehr! Was mache ich, wenn ich frei bin? Dann gibt's ja nichts mehr zu tun!"

Der Glaube an das Machen ist so stark, dass man ohne Machen nicht mehr sein kann.

Und das ist die Herausforderung. Definierst du dich als etwas, musst du auch etwas tun, und sehr häufig mehr als nur etwas.

> *„Also wir reduzieren uns hier*
> *zur totalen Bedeutungslosigkeit,*
> *indem wir nicht mehr deuten."*

Das ist die Be-deutungs-losigkeit, nicht mehr zu deuten, nicht mehr zu definieren.

Und wer könnte dann, wenn das alles nicht mehr ist, noch da sein, der etwas will?

18 Die Aufgabe des Lehrers

Die Aufgabe des Lehrers ist, das zu sein, was du selber bist, und in Resonanz zu dir diese Türen, die möglichst offenstehen sollten, offen zu halten, ansonsten zu öffnen und dir dann die Hinweise zu geben, wo du vermeidest oder verhinderst, dass du erkennst, wer du bist.

Das sind die zwei Aufgaben: dir zu reflektieren, du bist das, was der Lehrer ist, und dich darauf hinzuweisen, weshalb du das für dich noch nicht realisieren kannst.

Meditation und die Frage „Wer bin ich?"

19 Wie man meditiert

Für uns geht es darum, die Konstante zu entdecken, sich als das zu erkennen, was völlig unabhängig von allem ist, was existiert, sich als das zu erkennen, was jenseits jeder Erfahrung ist.

Daraus ergibt sich, sagen zu können, wie man meditiert.

Natürlich gibt es verschiedene Formen der Meditation und jeder muss die für ihn passende finden, damit er mit Leichtigkeit in seine wertfreien Tiefen vordringen kann.

Aber die Form von Meditation, von der ich spreche, ist die, die sich auf unsere wahre Identität bezieht, im Sinne davon, dass sie die „Eigenschaft" unserer wahren Identität widerspiegelt.

Und die „Eigenschaft" unserer wahren Identität ist, wie eben angedeutet, dieses völlige Freisein und die Beziehungslosigkeit.

D.h., wenn wir das sind, und das behaupte ich, dann ist es gut, sich einfach dieser Qualität zu öffnen, die in keiner Beziehung zu irgendetwas ist, sich also einfach nur dem zu öffnen, was so schon ist.

Das ist die absolute Einfachheit von Meditation.

„Was auch immer auftaucht, wird gesehen,
es wird gesehen, dass der Versuch da ist,
darauf einzusteigen oder auch nicht,
oder dass einfach nur der Versuch da ist,
irgendetwas mit dem zu machen,
was in dieser Unbewegtheit,
die wir sind, auftaucht.
Das wird einfach gesehen
und es wird nichts damit gemacht.“

Das ist Meditation, d.h. in dieser absoluten Erlaubnis zu verweilen, in der alles auftaucht und verschwindet.

Und das ist eine Form, die so einfach ist, dass sie jeder praktizieren kann.

Man braucht dafür keine Vorkenntnisse und könnte höchstens davon abgelenkt sein, da die Gewohnheit, sich mit dem, was auftaucht, zu identifizieren, zu viel Energie hat.

Aber mit der Zeit und in dem Gewahrsein von dem, was auftaucht, erlöst sich das mehr und mehr und man kann dann in sich selbst ruhen.

Und es ist dann auch außerhalb der Meditation möglich in allem, was man tut, bei sich zu sein, bei sich zu bleiben und auf nichts aufzuspringen – und man kann sich dann auf alles beziehen, aber in seinem Innersten nicht wirklich auf das, was geschieht, bezogen sein, also immer frei sein von all dem, was gerade geschieht. Das ist Meditation.

Und diese Form der Meditation ist so wichtig, denn sie ist auch das Resultat, wenn Freiheit ist.

Das ist die Freiheit, nichts mehr persönlich zu nehmen. Und das geht natürlich nur, wenn man sich selber nicht als Person sieht.

Und das ist dann nicht das Wissen darum, dass man gehört hat, dass man keine Person ist, sondern das ist der Zustand von Identität.

„Man" ist dann das, was jenseits jeder Person ist, nie eine Person war und nie eine werden kann.

Es geht also nicht um das Werden, sondern um das Sein, das „Mit-SICH-SEIN", und wenn man mit SICH SEIN kann, kann man mit allem sein, was ist.

20 Nirgendwohin gehen!

Zustände während und außerhalb der Meditation anzustreben ist nicht unser Bestreben, sondern DAS zu sein, was wir sind.

Kein Zustand ist, was wir sind.

Also mit anderen Worten: Nichts erreichen wollen und nichts vermeiden. Einfach nur sein.

Nirgendwohin gehen!

21 Nirgendwohin – Meditation

Wir öffnen uns unserer wahren Natur, Parabrahman, dem höchsten Brahman in uns.

In der Öffnung in deine Natur kannst du sehen, dass es dir leichtfällt, dass deine Aufmerksamkeit dort ruht.

Und so kannst du dich dafür öffnen, dass deine Aufmerksamkeit sonst nirgendwo hingeht.

Sie geht nirgendwohin.

Selbst wenn Informationen auftauchen, von denen du dich angezogen fühlst, folgst du ihnen nicht.

Es mögen auch Gefühle auftauchen, aber deine Aufmerksamkeit geht nirgendwohin, auch dorthin nicht.

Auch Geräusche von außen können dich nicht dazu veranlassen, dass die Aufmerksamkeit ihnen folgt.

Deine Aufmerksamkeit geht nirgendwohin.

Und vielleicht nimmst du wahr, dass sowohl Informationen als auch Gefühle weniger geworden sind, da deine Aufmerksamkeit ihnen nicht folgt.

Diese Phänomene leben von deiner Aufmerksamkeit.

Und da du verstehst, geht deine Aufmerksamkeit nirgendwohin.

Deine Aufmerksamkeit wandert nirgendwohin.

ॐ

22 Wer bin ich?

Bei der Frage „Wer bin ich?" haben wir das „ich" im Fokus, weil wir wissen wollen, was dieses „ich" ist, also fokussieren wir uns darauf.

Und was ist das „ich"?

Es ist ein Produkt aus vielen Jas und Neins, aus angenehmen und unangenehmen Gefühlen, aus denen das Bewusstsein schlussfolgert, dass in „dir" innen ein Jemand ist, der Ja und Nein sagt und damit bestimmt, was passiert.

Tatsächlich ist da aber kein Bestimmer und daraus ergibt sich, dass das "ich" eine Täuschung und damit nicht wirklich ist.

Es ist als Energie, als ein Ganzkörpergefühl wahrnehmbar, ein subtiles Gefühl, das du wahrnimmst, wenn du dich auf es fokussierst, bzw. dir die Frage stellst: „Wer bin ich?"

Und damit besteht die Möglichkeit, obwohl das „ich" nur eine „ich-Idee" ist, es nicht mehr aus den Augen zu lassen.

Wann immer du dich darauf fixierst, löst sich ein Teil dieser „ich-Energie" auf, so dass der Drang, nach dem Mechanismus der "ich-Idee" zu funktionieren, mit der Zeit nachlässt.

Und sobald du das Gefühl nicht mehr spüren oder das „ich" nicht mehr halten kannst, weil die Aufmerksamkeit woanders hingeht, dann erinnere dich daran zu fragen:

„Wer bin ich?", und kehre dann zu dem Fokus auf das „ich-Gefühl" zurück.

Nimmst du bei der Ausrichtung auf das „ich" kein Gefühl wahr, dann halte das „ich" mental im Blick.

Das funktioniert genauso gut.

Wenn du das konsequent machst, brauchst du eigentlich nur ein, zwei Tage, um die Barriere zu überwinden, dass das Bewusstsein einerseits die Frage stellt, andererseits es am liebsten nicht tun würde, denn es hat ja Angst davor, dass es als Folge davon verschwinden muss.

Das bedeutet, dass das Bewusstsein dir besonders zu Anfang ganz viele Informationen präsentiert, die du kontern musst, indem du dich bei jedem „Gedanken" fragst: „Zu wem kommt dieser „Gedanke"?"

Die Antwort wird dann lauten: „Zu mir!"

Dann fragst du wieder „Wer bin ich?" und bleibst mit dem Fokus wieder bei dem „ich" oder bei dem „ich-Gefühl" oder du folgst dem jeweiligen „Gedanken" zu seinem Ursprung, denn wenn du dir die Frage stellst, „Wer bin ich?", kehrst du immer auch zu dem zurück, was du bist.

Und das ist deine wahre Identität.

Insofern kannst du die eine oder andere Form der Orientierung zu deiner wahren Identität wählen. Aber auf die eine oder andere Weise wird das immer die Frage „Wer bin ich?" sein.

ॐ

23 Die wesentliche Frage ist: „Wer bin ich?" Nur wenn wir das herausfinden, können wir wirklich glücklich sein

Immer wieder stellen Menschen die Frage:

Was ist der Sinn des Lebens?

Welchen Zweck verfolgt es?

Dabei ist das nicht schwer zu beantworten.

Ich stelle immer wieder fest, dass wir uns selbst ein Rätsel sind, uns selbst nicht verstehen, was sich unter anderem dadurch ausdrückt, dass wir glauben, wir wollen etwas, das wir aber unbewusst boykottieren bzw. ablehnen.

Wir haben keinerlei Kenntnis von dem, was wirklich in uns geschieht und sich als Nächstes ausdrücken wird.

Damit stellt sich eigentlich schon die Aufgabe oder der Zweck für uns, für das Mensch-Sein, dass wir aus dem Rätsel des Lebens aussteigen und für uns Antworten bekommen.

Das bedeutet, dass wir uns weniger mit den Umständen beschäftigen, als mit dem, wie wir ticken, und das zu erforschen.

Mit anderen Worten, die eine wesentliche Frage für uns ist: „Wer bin ich wirklich?"

Darum geht es, darum wer du bist!

Jenseits der dir vorgegebenen Struktur, jenseits der Verhaltensweisen, jenseits dessen, wie du dich fühlst, jenseits dessen, wie du dich empfindest, siehst oder denkst, bist du.

Daher solltest du in der Erforschung dessen, wer du bist, so weit gehen, bis sichtbar wird, was du wirklich bist, nachdem die vorgegebene Struktur und all das, was die wahre Identität überlagert, abgefallen ist und als Folge davon nicht mehr bedient werden kann.

Was ist es, was dann übrigbleibt?

Das muss von dir selbst erforscht werden.

Wenn das geschieht, färbt das den Ausdruck der persönlichen Struktur anders ein.

Dann nimmt sie eine andere Qualität an. Dann identifizierst du dich nicht mit Tendenzen, sondern du hast eine innere Distanz, eine Losgelöstheit von allem.

„Also die wesentliche Frage im Leben ist:

„Wer bin ich?"

Die verleiht deinem Leben einen ganz anderen Sinn,
nämlich den, das herauszufinden."

Da alle Menschen vor allem glücklich sein wollen, ist sie das wesentliche Mittel dafür. Nur wenn wir wissen, wer wir sind, können wir wirklich glücklich sein.

Solange wir glauben, dass wir jemand sind, der wir nicht sind, ist das unmöglich.

Und selbst wenn die Idee da ist „ich bin einigermaßen zufrieden oder sogar glücklich", dann bist du nur als eine Idee, die du selber hast und die sich vielleicht sogar als Idee erfüllt, kurzfristig in Abhängigkeit von der Erfüllung deiner Idee glücklich, aber nicht von innen heraus, ohne dass es auch nur irgendeinen Umstand dafür braucht, um glücklich zu sein.

24 Die Frage „Wer bin ich?" klärt: Es gibt nichts Neues, weil alles immer schon ist, es gibt keine Zeit, weil alles gleichzeitig ist, und Bewusstheit kann nicht erweitert werden, weil sie schon zu 100% ist

Zu klären, was ist Leben für mich, wie lebt sich das am besten, welchen Bezug habe ich zu diesem Körper, in dem „ich" zu sein oder der „ich" zu sein scheine; welchen Bezug habe ich zu den Tendenzen, die sich in diesem Körper ausdrücken, inwieweit haben Leid und Freude etwas mit mir zu tun?

Das geht nur über die Frage, was Leben und wer man wirklich ist, denn wenn nur leise Zweifel an unserer Identität existieren, sind wir unglücklich.

Und dafür ist der Satsang da, um die Zweifel an sich selbst und damit an der „eigenen" Identität zu klären und damit auch mit dem, was Leben, und auch nicht Leben, ist.

Und ihr wisst ja, wir bezeichnen das, was sich in der Welt ausdrückt, nicht als Leben, sondern eher als Tod – weil es nie mit sich selbst identisch ist, und vergänglich ist, ist es eher das, was nie lebt, und damit entspricht es dem Tod.

Aber es ist für uns zwingend notwendig, dass wir eine Öffnung in das wahre Leben haben, so dass wir nicht vom Tod bedroht sind, denn wir sind ja in der Vergänglichkeit einer illusionären Identität ständig davon bedroht, nicht mehr zu existieren.

Eine falsche Identität auszudrücken führt natürlich dazu, dass wir eine Lüge leben, die dann durch die Wahrheit irgendwann wieder aufgedeckt werden muss.

Die Lüge ist, dass wir glauben, wir sind dieser Körper und das, was darin passiert, und da ist außerdem noch ein „ich", das bestimmt, was darin passiert.

Durch die Idee von einem persönlichen „ich" ist man dann auch noch an dem, was sich durch „uns" ausdrückt, schuld, wie auch daran, wie man ist.

Außerdem glaubt man noch, dass man ein Mensch ist, der sich auch noch um die Wahrheit kümmern muss, weil er sie nicht kennt.

Entscheidend ist also, wer man wirklich ist. Ist man das Theater, was die ganze Zeit geschieht, und uns nicht zufrieden sein lassen kann?

Eigentlich sagt das ja schon alles, dass man das nicht sein kann, womit man nicht zufrieden ist, denn alles, womit man nicht zufrieden ist, ist das, was man nicht ist.

Also geht es darum herauszufinden, wer oder was „ich" bin. Ganz einfach durch die Frage „Wer bin ich?"

So einfach ist das.

Weil Bewusstsein als dieses „Universum" erscheint und alles darin ausdrückt, also in sich selbst alle Rollen spielt, ist Bewusstsein sich auch dessen bewusst, was im Körper und jenseits von ihm geschieht, und es ist auch in ihm gespeichert, was jemals geschehen ist.

Was passiert, wird nicht vergessen. Warum nicht?

Weil es die Zeit tatsächlich nicht gibt, aber eine Idee von Zeit.

„Wenn alles gleichzeitig passiert,
hat man tatsächlich Zugang zu allem,
und das ist der Fall,
auch wenn wir es so erfahren,
als wäre es nicht so."

Die Erfahrung ist hier, dass die Zeit sich dehnt, oder besser gesagt, die Nichtzeit sich in Zeit verwandelt und es dann einen scheinbaren Ablauf in ihr gibt, damit eine Entwicklung und eine scheinbare Evolution, all das.

Dabei ist das nur ein Abspulen von dem, was sowieso angelegt ist. Da entwickelt sich gar nichts neu oder gestaltet sich neu oder wird neu gelernt.

Auch Lernen ist nur eine Qualität des Sichtbarmachens von dem, was schon ist.

Lernen bedeutet, dass wir nur enthüllen, was angelegt ist. Da kommt nichts Neues hinzu.

Wir glauben ja auch, wir erlangen mit der Zeit eine erweiterte Bewusstheit.

Die Bewusstheit ist immer extrem weit, so weit, wie wir es uns gar nicht vorstellen können. Sie ist immer bei 100 %, aber getrübt durch die Ideen, die wir von uns haben, oder vielmehr, die uns steuern; wir haben sie ja noch nicht mal.

Genau genommen haben wir gar nichts, wir haben ja noch nicht mal einen Körper, der wir außerdem auch nicht sind.

25 Wer bin ich? (Meditation)

Wir öffnen uns der Qualität zu sein, einfach nur zu sein, der Qualität, dass du weißt, du bist.

Und das zeigt sich dir als ein Gefühl. Also du spürst, dass du bist.

Ich bin.

Dies ist die Qualität des Seins, ohne irgendeinen Begriff von etwas, ohne Individualität.

Und nun schauen wir, wer oder was dieses „ich" ist, dieses unpersönliche „ich", mit der Frage „Wer bin ich?",

während wir dieses „ich", nach dem wir fragen und wissen wollen, wer oder was es ist, im Blick haben.

Du bist jetzt fokussiert auf dieses „ich".

Vielleicht nimmst du es als ein Gefühl wahr, aber es genügt, es zu denken, dieses „ich".

„Wer bin ich?"

Dieses „ich" ist der Halt für dich, um dich in der Frage „Wer bin ich?" zu stabilisieren, um dich dem zu öffnen, was das „ich" wirklich ist, jenseits jeder Idee, jenseits jeder Form.

Du bleibst also konsequent bei dem Gedanken „ich" bzw. dem „ich-Gefühl".

ॐ

26 *Wenn Vergangenes dein Leben bestimmt, kannst du den Verstand in die Zeitlosigkeit zurückholen, indem du dich z.B. fragst: „Woher kommt das Universum?"*

Wenn Vergangenes dein Leben bestimmt, dann outest du dich als die Vergänglichkeit.

Und die Vergänglichkeit ist niemals das, was in dieser Dimension nicht aufgetaucht ist.

Nicht aufgetaucht ist das, was du bist.

Abgesehen davon, um noch ein wenig mehr zur Verwirrung beizutragen, ist auch das Universum nicht aufgetaucht, obwohl man generell der Meinung ist, dass es irgendwann entstanden ist.

Wenn man wirklich weiter versucht, zu dem Ursprung vorzudringen, aus dem scheinbar das Universum entstanden ist, wird man feststellen, dass es gar nicht entstanden sein kann, weil es immer schon war.

> *„Das, aus dem das Universum ist,*
> *nämlich Bewusstsein,*
> *hat es immer schon gegeben –*
> *es hat sich nur in seiner äußeren Erscheinung*
> *immer wieder verändert."*

Es ist nicht, wie immer wieder, ohne sich wirklich damit auseinandergesetzt zu haben, behauptet wird, aus dem Leben selbst, aus der wahren Identität entstanden.

Wäre das der Fall, würde das Universum die Eigenschaft von Leben Selbst ausdrücken – es könnte sich nicht verändern, es würde quasi stillstehen.

Leben Selbst könnte dann, obwohl es eines und ungetrennt ist, sich in viele Objekte aufspalten und würde so nicht mehr als wahr bezeichnet werden können, denn Wahrheit ist unveränderlich.

Die Idee, Leben Selbst müsste sich, um sich zu kennen, sich zunächst einmal als Universum verkleiden, um dann aus der daraus entstehenden Not, sich nicht selbst zu kennen, zu versuchen, sich anschließend seiner selbst wieder bewusst zu sein, weil es das dringend für sein Selbstbewusstsein benötigt, ist absurd.

„Leben Selbst kann sich nicht kennen,
es ist in sich vollständig."

Das ist für den menschlichen Verstand nur schwer vorstellbar, aber so ist es!

Solange du dich noch als ein Etwas siehst, das zu etwas anderem werden muss, und das vermeintlich andere noch nicht ist, bist du in der Zeit und verloren.

Jegliche Bemühung, das zu werden, was du schon bist, ist eine Zeitschleife. Und in der drehst du immer wieder deine Runden.

„Also nirgendwo hinkommen wollen,
ist der Hin-weis, besser der „Weis"(e),
denn „hin" ist auch schon zu viel,

ein „Hin-weis" ist auch schon falsch,
denn damit ist der Weise hin!"

Du kannst beobachten, dass deine Tendenz ist, immer irgendwo hinkommen zu wollen oder zu vermeiden, irgendwo hinzukommen, und damit bist du immer in Bewegung und immer in der Zeit.

Es ist gut, das zu beobachten, und dann den Faktor, der die Zeit immer wieder in Gang setzt – der Verstand und die Verstandesebenen und die Aspekte, die damit zu tun haben – wieder zurückzuholen in die Zeitlosigkeit, indem du dich zum Beispiel fragst: „Woher kommt das?"

„Woher kommt das Universum?"
Das ist genauso gut wie die Frage „Wer bin ich?"

Was ist der Ursprung des Universums? Damit bist du dann in der Frage des Ursprungs von dir selbst, denn du bist als ein Körper ein Inhalt im Universum.

Finde heraus, woher das Universum kommt, nicht warum, sondern woher – und ob es überhaupt möglich ist, dass dafür ein Ursprung existiert, oder ob es nicht schon immer da war, nur in anderer Form?

Viele wollen wissen, warum, um sich natürlich weiter in der Zeit aufzuhalten. Die Warum-Fragen wollen nicht wirklich eine essenzielle Antwort.

Bewusstsein und Bewusstheit

27 Es gibt nur ein Bewusstsein

Das Bewusstsein ist die Substanz des gesamten Universums, aber nicht mit unserer wahren Identität gleich zu setzen.

Alles, was zu existieren scheint, was gesehen wird und nicht gesehen wird, Form oder nicht Form ist, ist nur Bewusstsein, besteht aus Bewusstsein.

> *„Somit gibt es nichts,*
> *was im Universum unbewusst ist,*
> *keinen einzigen Fleck, keine einzige Zelle.*
> *Nichts ist unbewusst."*

Es erscheint aber nicht so, denn die meisten Menschen meinen von sich:

„Ich bin jemand, der verschieden von den anderen und damit getrennt ist, und ich habe doch „mein Bewusstsein"

– ich bin mir doch meiner selbst bewusst, wie ich mich empfinde, mich fühle –

und die anderen sagen ja auch, sie sind sich ihrer selbst bewusst, nur sieht das ganz anders aus als bei mir, und damit habe ich ein anderes Bewusstsein als die anderen."

Das erscheint aber nur so, weil sich das eine Bewusstsein (nicht unsere wahre Identität) als einen äußerlich scheinbar verschiedenen Ausdruck menschlicher Form projiziert hat, die dann natürlich ebenfalls ein Aspekt von Bewusstsein ist, weil sie ja aus ihm besteht.

Es ist immer dasselbe Bewusstsein, so dass wir sagen müssen, durch unser Blut, durch unser System, durch unser „Denken", unsere Gefühle, strömt Bewusstsein.

Auch der Raum zwischen den Formen besteht aus Bewusstsein, sodass es in dieser Existenz keinen Ort gibt, an dem Bewusstsein nicht ist.

Es hat mir schon als Kind eingeleuchtet, dass wenn ein „Gott" alles geschaffen haben soll, doch das dieselbe Energie sein muss, aus der es geschaffen wurde, nämlich die Energie aus oder von „Gott".

Nur dass heute klar ist, alles ist aus Bewusstsein, kein Gott hat etwas erschaffen.

Es gibt also nur ein Bewusstsein, ein einziges!

28 Wenn das Bewusstsein ein Wolkenmeer ist, dann ist Bewusstheit die Sonne.

Vergleichen wir mal Bewusstheit mit der Sonne und das Bewusstsein mit den Wolken.

Das Bewusstsein ist wie ein Wolkenmeer, und wann immer die Sonne durch das Wolkenmeer scheint, ist Bewusstheit, oder wenn sich die Wolken im Licht der Sonne auflösen oder so ausgedünnt sind, dass das Licht der Sonne hindurch scheint, dann ist mehr Bewusstheit und dann werden die Wolken dazu animiert, das zu machen, was die Sonne „will".

Aber die Sonne will natürlich nichts, wir müssten deswegen sagen, nicht was die Sonne will, sondern was sie im Bewusstsein bewirkt, also in den Wolken bewirkt, ohne dass sie eine Intention hat, denn die Sonne strahlt auf die Wolken, vielleicht trocknen die Wolken aus oder es regnet ab, was auch immer dann passiert, da tut die Sonne nichts, sie strahlt einfach vor sich hin.

Das Bewusstsein reagiert aber als die Wolken in einer ganz bestimmten Weise und je mehr Sonne hindurch scheint, umso weniger Bewusstsein ist im Weg und desto mehr Bewusstheit drückt das Bewusstsein aus.

Das sieht dann so aus, dass sich Bewusstsein der Freiheit öffnet und sich auf Freiheit fokussiert.

Die wahre Natur selbst hat keinerlei Interesse an Freiheit, sie ist Freiheit selbst.

Sie weiß noch nicht einmal etwas von Freiheit, weil sie Freiheit selber ist und auch Unfreiheit nicht kennt.

Aber für uns als scheinbar persönlicher Ausdruck bedeutet das, wenn wir ein Interesse an Freiheit haben, je weniger persönliche und damit die Bewusstheit einschränkende Anteile von Bewusstsein im System vorhanden sind, umso mehr richtet sich Bewusstsein zwangsläufig automatisch auf die wahre Identität aus.

ॐ

29 Das ändert sich nie: Bewusstsein drückt sich als diese duale Welt aus, und die wahre Identität bleibt immer mit sich selbst identisch

Eines ändert sich dennoch nie:

Das, was alles ausdrückt, ist Bewusstsein.

Das Bewusstsein spielt alle Rollen, von sich verbessern oder ganz mies sein oder dem Wunsch nach Freiheit, all das.

Dieser Wunsch nach Verbesserung, Veränderung, nach einem neuen Zeitgeist oder all dem, taucht nicht in der wahren Identität auf.

„Diese Welt an sich wird immer das bleiben,
was sie ist, eine Dualität, als die Idee von Trennung,
in der Einzelwesen zu existieren scheinen,
die sich in ihrer Unerfülltheit und Verzweiflung

darin ausdrücken, dass sie alles Mögliche versuchen,
um zufrieden zu sein und ewig zu leben."

Ewig zu leben, also alles zu versuchen, dem Tod zu entgehen, ist das Hauptanliegen einer Person.

In der Rangfolge danach kommt der Versuch, eine Bedeutung zu haben, was dann dazu führt, dass man noch mehr am vermeintlichen Leben hängt.

Aber das ist alles nur ein müder Ersatz für die Kenntnis der eigenen wahren Identität, die allerdings voraussetzt, dass man sich mit dem scheinbaren Tod und der scheinbaren Bedeutungslosigkeit einer scheinbaren Person auseinandergesetzt hat.

Die wesentlichen Anstrengungen gehen in die Richtung zu überleben und sich der Angst, nicht zu existieren, nicht stellen zu wollen.

Das wird bleiben, das ändert sich nicht.

Solange die Identifikation mit dem Körper, als eine falsche Identität, existiert, dominiert dieses Verhalten.

Und das ist so angelegt, es ist nicht durch Erziehung bedingt.

Die daraus resultierenden Erfahrungen entsprechen den Prägungen, mit denen man gezeugt wird und bewirken durch positive oder negative Reaktionen bezüglich dessen, was außen erscheint, mit der Zeit die Identifikation mit dem, was im Körper passiert, und als Folge davon die Identifikation mit dem Körper selbst.

Dann beginnt man zu sich „ich" zu sagen und meint damit den Körper.

Wie gesagt, das ist so „angelegt", niemand hat das so bestimmt.

Und dennoch besteht, aber nur wenn auch das so angelegt ist, die Chance, sich als das zu erkennen, was man jenseits dieser Idee von „ich" (bin der Körper) immer ist.

„Das Prinzip des sich erst Identifizieren-Müssens
und der prinzipiellen Möglichkeit,
sich wieder zu desidentifizieren,
wird sich nie ändern."

Das LEBEN SELBST wird sich auch nicht ändern, es wird uns auch nicht in diesem Universum besuchen kommen und diese Erscheinung hier transzendieren und erleuchten oder sich hier selbst als eine Qualität erfahren, die das Besondere in jedem zum Leuchten bringt; auch das wird nicht passieren, denn das LEBEN SELBST kann sich nicht in irgendetwas hinein oder irgendwohin bewegen, denn es ist ja schon „überall" und kann sich in seiner Qualität nicht verändern, deshalb ist es ja auch die Wahrheit und die kann sich nun mal nicht verändern, sonst ist sie keine Wahrheit.

Es „strahlt" die ganze Zeit als das, was ES ist. Man kann es aber nicht wahrnehmen, weil diese „Strahlung" so hochschwingig ist, dass sie sich unserer doch recht groben Wahrnehmung entzieht.

> *„Was man wahrnehmen kann,*
> *ist nicht die wahre Identität,*
> *aber die Wirkung, die sie auf uns hat,*
> *wenn wir uns auf sie fokussieren."*

Es ist gut, das zu wissen, damit man nicht die Wirkung der wahren Identität auf uns mit der Identität Selbst verwechselt.

Es könnte sonst passieren, dass man beispielsweise Gelassenheit, Klarheit, Glückseligkeit für seine wahre Identität hält und dann versucht, sich auf sie zu fokussieren, was bedeuten würde, dass man sich am Ziel vorbei orientiert.

Die alles durchdringende Qualität der wahren Identität bewirkt jedenfalls, dass man durch die Wirkung, die sie auf uns hat, weiß, dass die Orientierung auf sie selbst so unendlich wertvoll ist.

Die dauerhafte Orientierung auf diese Identität ist Befreiung.

Bewusstsein prägt nun mal die gesamte Erscheinung.

Sie wird sich in ihrem Prinzip von Identifikation und der daraus entstehenden Notwenigkeit, sich daraus zu befreien, nie verändern.

Ein bisschen weniger, ein bisschen mehr Bewusstheit ändert an dem Prinzip von Dualität und Identifikation

mit einer Form und der eventuellen Möglichkeit von
Befreiung nichts.

Und dass unsere wahre Identität immer jenseits von
der Erscheinung ist und sie gleichzeitig durchdringt,
ändert sich glücklicherweise ebenfalls nie.

30 Die Identifikation – Freud und Leid

Das Instrument der Identifikation, die Aufmerksamkeit,
ist die unvermeidbare Voraussetzung für eine falsche
Identität und gleichzeitig das notwendige Mittel zur
Befreiung, weil Befreiung voraussetzt, dass eine
dauerhafte Identifikation mit unserer wahren Identität
geschieht.

31 Bewusstheit durchdringt alles und mischt sich nicht ein – Bewusstsein ist ein Werkzeug, das sich projiziert und damit identifiziert

Unsere wahre Identität und die Widerspiegelung davon
in uns als Gewahrsein und der daraus folgenden
Bewusstheit, unterscheide ich von Bewusstsein, weil
das Bewusstsein das Spiel der Erscheinungen spielt
und sich dementsprechend mit dem Spiel identifiziert,
während die wahre Identität weder spielen noch sich
identifizieren kann.

Denn unsere wahre Identität ist unbefleckt, rein und hat keine Möglichkeit, kein Werkzeug, kein Mittel, um sich auf irgendetwas zu fokussieren.

Das Bewusstsein selbst ist das Werkzeug, was einmal Zufriedenheit ausdrückt, und ein anderes Mal Unzufriedenheit, im ständigen Wechsel zwischen zwei Extremen.

Die wahre Identität ist weder polar noch dual, was in dir als Gewahrsein nachvollziehbar ist, denn es hat ebenfalls keinerlei Vorlieben oder Abneigungen. Sie bezieht sich auf nichts, sondern durchdringt alles.

„Bewusstsein ist
nicht die Widerspiegelung von Bewusstheit,
sondern der gesamte Ausdruck des Universums
und im Detail ein Ausdrucksmittel,
das die Tendenz hat,
sich zu projizieren und sich mit dem,
was es projiziert, zu identifizieren.“

Das ist das ständige Spiel in dieser Dimension – alles was Form und nicht Form ist, ist Bewusstsein und spielt das Spiel der Verschiedenheit, der Bewegung, der Aufregung, der Besonderheit, des Frustes, des Leides, der Zufriedenheit, der kurzfristigen Freude –

und spielt dabei natürlich auch die Rolle von der Idee, jemand zu sein, gefangen zu sein und anschließend Freiheit anzustreben, aber auch prinzipiell durchschauen zu können, dass es niemanden gibt, der gefangen ist und anschließend frei sein kann.

Unsere wahre Identität kennt diese Zustände gar nicht, aber durchdringt sie bereits immer schon vollkommen – daher kann sie sich auch nicht einmischen, abgesehen davon, dass das grundsätzlich nicht möglich ist.

Bewusstheit ist bewusste Anwesenheit und das Bewusstsein ist sich dessen bewusst, dass dem so ist.

32 Du bist ein „Interesse" des Bewusstseins an Vielfalt

Du bist ein Interesse des Bewusstseins an Vielfalt, an Verschiedenheit.

Du bist einzigartig in dieser Form eines „persönlichen" Ausdrucks.

Deswegen bist du hier. Und deswegen gibt es dieses Universum.

Es ist Ausdruck von Vielfalt.

Kein Mensch gleicht dem anderen, so wie eine Schneeflocke immer von allen anderen Schneeflocken verschieden ist.

Unvorstellbar zwar, aber das ist so. Das ist der Grund, so zumindest sehe ich es, weshalb so etwas wie eine Zeugung und eine scheinbare Geburt stattfindet.

Es ist keine Fortsetzung von Dummheiten, in Form von past and future lives, sondern ein Beweis der

Hochpotenz von Bewusstsein, das die Gesamtheit der Erscheinungen auf einen Schlag projiziert, und zwar in jedem Moment neu.

Die Welt, die Person, Angst und Minderwert

33 Das wesentliche Problem ist zu glauben, jemand zu sein

Es ergeben sich aufgrund der Prägungen, mit denen man in dieser Welt auftaucht, bzw. glaubt, aufgetaucht zu sein, die verschiedensten Ausdrucksformen des Bewusstseins, das für sich das immer wieder neue Problem manifestiert, dass es einen scheinbaren Jemand gibt, der dann nicht aushalten kann, ein Jemand sein zu müssen, anstatt seine wahre Identität zu leben.

34 Die Fata Morgana des Universums überlagert die wahre Identität

Alles was wir sehen, ist eine Täuschung.

Es ist eine Erscheinung, die es so aussehen lässt, als würde sie unsere wahre Natur überlagern.

Das, was wir sehen, ist nicht real, sondern eine Fata Morgana, die als Täuschung den Wüstensand überlagert, indem sie als Wasser erscheint.

Tatsächlich ist da nur Sand, und damit vergleichbar ist das Gelebte nicht das, was wirklich ist.

Es gibt nur die wahre Identität, und die Fata Morgana des Universums kann sie daher auch nicht wirklich

verdecken – es erscheint allerdings so, als wäre die
wahre Identität gar nicht vorhanden.

ॐ

35 Wahnsinn!

Warum erscheint die Welt als wahnsinnig?

Die Welt ist der Ausdruck von Ignoranz, denn nur durch
Ignoranz und Unbewusstheit ist diese Idee entstanden,
dass die gesamte Erscheinung real ist.

Daher ist der Ausdruck der meisten Menschen der von
Verrücktheit.

Somit sind Verrücktheit und Wahnsinn eng
beieinander.

Verrücktheit insofern, als dieser Fokus auf DAS, was
wirklich ist, „verrückt" ist auf das, was nicht wirklich ist,
und man das, was nicht wirklich ist, für wirklich hält,
und das ist schon ziemlich verrückt!

Die Welt drückt dieses Missverständnis, diese
verschobene Perspektive aus.

Wahnsinn ist, etwas für wahr zu halten, was nicht wahr
ist.

Menschen, die dem Wahnsinn verfallen sind, leben in
der Psychiatrie, weil sie eine bestimmte Qualität oder
etwas für richtig und wahr halten, was nicht der
Wahrheit entspricht.

Deswegen wurden sie weggesperrt. Man könnte sagen, diese Welt hier ist ein Aufenthaltsort für Weggesperrte.

Wir sind alle mehr oder weniger verrückt, besonders weil wir glauben, jemand zu sein, der wir nicht sind.

Wenn sich durch dich nicht Freiheit von der falschen Identität ausdrückt, bist du in gewissem Sinne „wahnsinnig", aber nimm es nicht persönlich!

Und was ist eine weitere Form des Wahnsinns?

Die ist, dass man in dem Wahn ist, dass diese Welt einen Sinn ergeben muss.

Das ist „Wahn-Sinn", im wahrsten Sinne des Wortes.

36 Die unmittelbaren Folgen der Idee, eine Person zu sein, sind Angst und Minderwert

Sobald wir uns als existent erleben, sind wir der Angst, nicht mehr zu existieren, ausgeliefert.

Und wenn wir glauben, dass wir ein Körper, eine Person sind, in der man als ein Jemand existiert, nehmen wir uns als getrennt wahr.

Das entspricht aber in keinster Weise unserer wahren Identität, die sich unter anderem gerade dadurch auszeichnet, dass sie von niemandem und nichts getrennt ist, also auch nicht von dir.

Daher ist das Gefühl von Trennung nicht aushaltbar, zumal sie Angst erzeugt, weil man die sogenannten anderen Personen außerhalb von sich selbst wahrnimmt und sie als bedrohlich ansieht, weil man nicht weiß, was im nächsten Moment durch sie geschehen kann.

„Sieht man sich also als ein Jemand,
fühlt man sich generell bedroht."

Die Idee von Trennung bewirkt nicht nur Angst in Bezug zu anderen, sondern auch, dass du dich von deiner wahren Identität getrennt oder sogar abgeschnitten wahrnimmst, was naturgemäß das größte Leid erzeugt.

Deine wahre Identität ist, als das Nichttrennbare, das genaue Gegenteil davon und die Verwirklichung dieser Identität das einzige Heilmittel zur Überwindung der Idee von Trennung.

Die Trennung ist ja nur eine falsche Identifikation des Bewusstseins mit dem Körper, also kann sie mittels der Erkenntnis überwunden werden.

Weil wir glauben, dass wir als der Körper existieren, wissen wir ja auch, dass er irgendwann nicht mehr existieren wird.

„Damit ist Angst vor dem Tod
die Grundenergie in unserem System,
neben der Qualität von Minderwert,

denn wenn du glaubst, du bist eine Person,
bist du auf diese Körperform und all das,
was sich durch ihn ausdrückt,
reduziert.

Du bist dir dann auch nicht
der formlosen Unbegrenztheit,
die du in Wirklichkeit bist,
und ebenfalls nicht deiner persönlichen
Ausdrucksmöglichkeiten bewusst."

Damit fühlst du dich grundsätzlich minderwertig, was nicht auszuhalten ist, und musst zwangsläufig versuchen, ihn durch einen scheinbaren Mehrwert oder sogar gesteigerten Minderwert, um Aufmerksamkeit zu bekommen, zu kompensieren.

Und damit bleibt es immer bei dem Minderwert als dein Grundgefühl.

Der Angst versuchst du zu entkommen, indem du ständig kontrollierst.

Das geschieht in der Weise, dass du dich den Gefühlen von Angst entziehst, indem du sie unterdrückst und dich vor allem in der mentalen Sphäre aufhältst, wo sie dich scheinbar nicht erreichen können.

Du bist dann vor allem nach außen orientiert, weil du die Gefühle in dir nicht aushältst, und verlierst damit den Kontakt zu dir, für den es wichtig ist, sich vor allem „innen" aufzuhalten.

Hältst du dich innen auf, bist du auch gleichzeitig außen – aber nicht umgekehrt.

37 Die Strategien aus der Kindheit gegen das schmerzhafte Erleben des eigenen Minderwerts – nämlich Mehrwert oder gesteigerter Minderwert – scheitern immer. Ihre Sinnlosigkeit muss klar durchschaut werden

„Der Mensch hat nur zwei essenzielle Themen: Minderwert und die Angst, nicht mehr zu existieren – auch wenn es auf den ersten Blick wegen der Vielfalt der Ausdrucksformen dieser beiden Themen nicht so erscheint."

Wichtig ist zu schauen, welches dein zentrales Thema ist, also welche Beispiele das Leben dir, im möglichst frühen Stadium, aber auch heute noch, präsentiert hat, um dir dein wesentliches Defizit bewusst zu machen.

Wenn du dich zum Beispiel nicht geliebt, nicht beachtet gefühlt hast, oder wenn jemand von deinen Eltern nicht in deinem Leben war, du früh weggegeben wurdest, oder ins Waisenhaus kamst, dann ist das Thema Wertlosigkeit stark präsent – nach dem Motto:

„Ich bin nicht liebenswert oder sehe nicht gut aus oder kann nichts richtig gut, zumindest bin ich nicht so, dass man mich gerne bei sich haben möchte, bzw. jemand für mich da sein möchte."

Mit anderen Worten: „Ich bin es nicht wert."

Wenn du das für dich so oder ähnlich erfahren hast, besteht die Tendenz, dass du dich immer wieder in denselben Szenarien wiederfindest, in denen du die Erfahrung machen wirst, dass du es nicht wert bist, weil die Energie dieser Tendenz schon bei der Zeugung in dir war, und dann die dazugehörigen Erlebnisse im Außen anzieht.

Wie kommt ein kleines Kind, dessen Eltern es scheinbar nicht haben wollen, damit zurecht?

Indem es in seiner Not versuchen wird, auf sich aufmerksam zu machen, oder sich bspw. als besonders wertvoll darzustellen, in allem mehr als gut zu sein, so dass die Wertlosigkeit von außen nicht gesehen wird, in der Hoffnung, dass dann seine Eltern und später die projizierten Stellvertreter für die Eltern, die sich nicht schwer finden lassen, für es da sind.

Das geschieht alles aus der Kleinkind-Perspektive, und damit ohne erwachsene Bewusstheit.

Die andere Polarität von Minderwert ist, zu versuchen, sich als absolut wertlos darzustellen. Auch das ist eine unbewusste, im System verankerte Taktik:

„Wenn ich der Loser bin, spätestens dann werden meine Eltern sich doch um mich kümmern und für mich da sein, mich endlich sehen!"

Diese schrägen Versuche, sich als Wert zu definieren, bzw. Aufmerksamkeit zu bekommen – entweder durch

Mehrwert oder durch gesteigerten Minderwert – beides strebt ja einen Mehrwert an, drückt man dann in allen Beziehungen aus, nur um dieses Defizit in sich zu füllen.

Das Wesentliche ist, zunächst zu sehen, dass es so geschieht und in welcher Weise es geschieht, wie häufig es geschieht und unter welchen Umständen.

Du musst verstehen, warum sich das ausdrückt – z.B.: „Ich will das weiter versuchen, weil auf diese Weise die Bedürftigkeit in mir endlich erfüllt wird!"

Zumindest denkst du das, oder strebst es unbewusst an, aber tatsächlich, und das ist der wesentliche Punkt, den es zu erkennen gilt, wird dieses Defizit auf diese Weise nie erfüllt.

„Diese Defizite in uns werden nie
durch Ersatzhandlungen,
welche auch immer es sein mögen, erfüllt."

Du versuchst es dennoch irgendwie hinzubekommen, indem du immer wieder Situationen ansteuerst, in denen dich jemand nicht anerkennt, du aber willst, dass es passiert. Es geschieht aber nicht!

Niemals passiert dadurch etwas, was dich auch nur ansatzweise nähren könnte!

Wenn klar durchschaut wird, wie sinnlos das ist, und dass es nur weh tut, dann kann es passieren, dass das Bewusstsein sagt: „Ich habe keine Lust mehr darauf, ich mache jetzt etwas anders, gehe zum Beispiel in den

Satsang oder nehme am Live-Chat teil, oder ich fange jetzt an, wild zu meditieren …"

38 Prägungen (Meditation)

Wir öffnen uns den drei verschiedenen Energiekörpern dieser Form, die du zu sein scheinst, dem grobstofflichen, feinstofflichen und dem Kausalkörper.

Und darin den individuellen Prägungen, den Prägungen, die der Grund dafür sind, dass überhaupt ein Auftauchen dieser Form mit dieser Ausstattung, mit diesen Prägungen geschehen konnte.

Das sind die vorgeburtlichen Prägungen.

Und du kannst jetzt wahrnehmen, welche Auswirkungen sie auf dein Energiesystem in diesen Körpern haben.

Wir öffnen uns nun dem Zeitpunkt, wo du die Wirkung dieser individuellen Prägungen in dir spürst und zu dir sagst oder die Feststellung machst: „Ich bin diese Form, ich bin der Körper."

Der Körper mit diesem ganz speziellen Ausdruck von Individualität.

Das ist der Moment, wo das Denken beginnt, das, was energetisch geschieht, zu interpretieren und sich sagt:

„Ich bin dies, was hier geschieht in dieser Form, und damit bin ich die Form."

Und schau, wie es dir damit geht, dass du dich auf die Form reduzierst.

Nun öffne dich der Folge dieser Feststellung von dir, der Folge, dass Angst und Minderwert jetzt deine individuellen Prägungen mitfärben.

Die Folgen von dieser Reduzierung auf die Form sind Angst und Minderwert.

Und diese wirken auf dein System, auf deine individuellen Prägungen ein.

Öffne dich dafür, das energetisch wahrzunehmen.

Öffne dich energetisch den Folgen, die das auf dein System hat, im Laufe der Zeit, von Beginn an, bis jetzt.

Und vielleicht kannst du wahrnehmen, wie dein System als Folge davon damit umgegangen ist, ob es mehr zu Kontrolle oder der Idee von Mehrwert tendiert.

Folgen von Angst und Minderwert sind Kontrolle und Mehrwert.

Spüre, welche Auswirkungen Angst und Minderwert auf dein System haben in Verbindung mit deiner Prägung, die dich als verschieden erscheinen lässt.

Dann schau, wie diese Energie heute, jetzt, in dir ist und wirkt.

Und dann schau, ob diese Energie sich der Liebe in dir, in all deinen Zellen jetzt öffnen kann.

In all deinen Zellen ist nicht nur diese Energie der Folge von Prägungen und Individualität und Angst und Minderwert, sondern die Essenz von Liebe.

Schau, ob diese Energie, diese Persönlichkeit, jetzt der Liebe ins Angesicht schauen kann.

Schau, ob diese Qualität bereit ist, sich für ihre eigene Auflösung zu öffnen.

Und schau, ob da Liebe ist in deinen Zellen.

Und wenn da Liebe ist, schau, was sie für dich bedeutet.

Wenn sie dir etwas bedeutet, wie die Auswirkung auf dein Energiesystem, deine Persönlichkeit ist.

Schau, ob, wenn du Liebe siehst, ob du dann noch etwas anderes siehst –

oder ob du dann dich noch siehst.

39 Mensch zu sein ist eine Wunde, und es gilt, sich dieser Verletzung zu stellen, statt ihr, wie gewohnt, entkommen zu wollen

Was bedeutet es, Mensch zu sein?

Der Beginn des Menschseins ist für uns alle eine Wunde, bedingt dadurch, dass man sich als eine Form sieht, die man nicht ist. Das ist eine Verletzung, die uns aus unserer Sicht von dem fernhält, was wir wirklich sind.

Die Tendenz ist dann, weil es natürlich nicht aushaltbar ist, etwas zu leben, was man nicht ist, und dass man keine Kenntnis von der eigenen persönlichen Struktur hat und schon gar nicht, wie man als Baby damit umgehen kann, dass man unbewusst eine Strategie entwickelt, dieser Wunde, dieser Verletzung, die daraus resultiert, zu entkommen.

Und so ist für viele das ganze Leben der Versuch, einer Verletzung zu entkommen.

Es ist aber unbedingt erforderlich, die Bereitschaft zu haben, dich deinen Verletzungen zu stellen.

Tust du es nicht, wird es, wenn es ansteht, „das Leben" für dich tun, indem es dich wiederholt mit denselben Situationen und damit deiner Verletzung konfrontiert.

Der Beginn davon könnte so aussehen, dass du anfängst zu meditieren oder du dich fragst, wer du wirklich bist.

Die einzige Möglichkeit, von sich selbst befreit zu sein, besteht genau darin, dahin zu gehen, wo der größte Schmerz ist, den man sein ganzes Leben lang vermieden hat.

„Das ist das Prinzip von Mensch-Sein,
von der Idee ausgehend,
gefangen oder eingeschränkt
in seiner Lebensqualität zu sein,
hin zu der Entfaltung der eigenen Lebensqualität:
sich seine Verletzung anzuschauen
und sich diesem Schmerz zu öffnen
und ihn zu erlösen."

Gut, dann öffne dich dem Schmerz oder schau dir an, was in dir läuft, was es ist und wo es herkommt, und welche deine Tendenzen sind, damit umzugehen, und dann hör' auf damit, dann ist gut, fertig, basta!

Dann ist das Drama erledigt. Dann kannst du erst anfangen, wirklich zu leben, denn sonst lebst du immer in der Vermeidung, immer in einer Verdrehung, immer in einer Interpretation von dem, was in dir läuft.

Wir sehen es immer wieder: Der Mensch hat von sich selbst null Ahnung und interessiert sich auch eher selten dafür, eine zu haben, außer er wird dazu gezwungen, dass er sich durch diverse Umstände das bewusst machen muss, was in ihm läuft.

Also „schiebt das Leben" euch in den Satsang und sagt, so und jetzt ist basta mit dem Muster, jetzt geht's an die Substanz.

Ohne das im Blick zu haben, geht man unter und muss sich dann auch fragen, was ist der Sinn des Lebens? Was man sich nicht fragen muss, wenn man seine Qualität lebt.

Man fragt sich natürlich auch alles andere:

Warum ist das so? Warum ist es nicht anders?

Oder man meint: „Ich hätte es anders machen können!"

All das sind mehr oder weniger Ideen, die ein nutzloser Versuch sind, sich das Leben ohne Kenntnis des eigenen Ausdrucks zurecht zu deuten.

Erst wenn du deine eigene, dich einschränkende Struktur erkannt hast, kann sie nicht mehr bedient werden und schließlich wegfallen.

Dann erst hast du in dir den Raum für das, was wahre Lebensqualität ist – die Erkenntnis deiner wahren Identität.

„Und das Verrückte ist, wir gestehen uns,
wenn wir uns diese Verletzungen nicht anschauen,
den Wert nicht zu, der in jedem von uns ist.

In jedem von uns ist ein Wert,
natürlich nicht nur der unserer wahren Identität,
sondern auch der ganz „persönliche".

Diesen Wert können wir uns nicht erschließen,
wenn wir in der Struktur einer Verletzung bleiben."

Und jeder persönliche Ausdruck ist eine Verletzung, sogar ein Buddha ist zu Beginn seines Lebens eine Verletzung, bis sie aufgelöst ist. Im Falle eines Buddhas ist nicht viel aufzulösen, aber es ist etwas aufzulösen – ohne dass etwas aufgelöst werden muss, erscheint kein menschlicher Ausdruck auf diesem Planeten.

Bis das nicht geschehen ist, ist das Leben für dich mehr oder weniger der Versuch, all dem zu entkommen, was in dir verletzt ist.

Könnten wir es entscheiden, würden wir uns dem gar nicht stellen, wir würden uns auf die eingeschränkte Qualität, die wir leben, reduzieren, würde uns nicht „das Leben" dahin pushen, dass wir durch Umstände oder durch die Öffnung in das, was wir sind, und durch den dann nicht mehr aushaltbaren Kontrast zu dieser persönlichen Geschichte auf DAS fokussiert werden, so dass wir dann dieser wahren Identität nicht mehr entkommen können.

Und wenn ihr im Satsang seid, hat das Leben euch dahin gepusht, auch wenn ihr glaubt, es ginge hier um eine wirksamere Form des Verdrängens der eigenen Wunde.

Darum geht es nicht.

DIES hier ist eine Enthüllungsplattform – sie nennt sich SatsangLeaks, nicht WikiLeaks, sondern SatsangLeaks, um zu enthüllen, klar zu sehen und es zu leben.

Es geht um die Auseinandersetzung mit der Wahrheit, der Wahrheit selbst.

Sie offenbart uns das, was Wahrheit und nicht Wahrheit ist, und dann bleibt Wahrheit übrig.

ॐ

40 Als Person bist du ein Produkt der Zeit und lebst von Beziehungen – wenn du beziehungslos total da bist, spiegelst du deine eigene Zeitlosigkeit wider.

Als diese Erscheinung, als dieser Körper, bist du ein Produkt der Zeit in Verbindung mit dem Raum.

Und damit haben wir schon das Dilemma der persönlichen Struktur, das bedeutet, dass sich diese Form immer in Beziehung sieht, sich in Distanz sieht, und in dem Versuch, sie zu überbrücken, unglücklich ist, wenn es nicht gelingt, oder, wenn es gelingt, auch nur scheinbar dadurch glücklich wird.

„Glücklichsein ist die Folge davon,
dass keine Form von Bezug stattfindet.

Nicht durch Bezug gewinnst du Freude,
Glückseligkeit und Zufriedenheit,
sondern durch den Nichtbezug.

Warum?

Weil das unserer wahren Identität entspricht,
denn das, was sich auf nichts beziehen kann,
ist das, was du bist,
und das ist jenseits von Raum und Zeit."

Und wenn wir sagen, du bist jenseits der Zeit, dann bist du nicht die Zeit, dann bist du auch nicht die in ihr oder durch sie verursachte Person.

Und es gilt uns diesen Zustand wieder bewusst zu machen, der frei von jeder Idee ist, von jeder Zeit oder Dauer, Distanz und dem Fehlen von etwas.

Also alles, was sich beziehen könnte, ist abzulegen, wenn du dich als das erkennen willst, was du bist, denn das ist in der Nichtzeit.

Erkenntnis findet nicht in der Zeit statt, denn es ist eine Identität, die du bist, es ist schon so und damit ein Fakt.

Und das, was du bist, kennt keine Distanz zu dem, was du zu sein scheinst. Es kennt überhaupt keine Distanz, kennt also keine Zeit und keinen Raum.

Also gilt es, sich dieser Qualität zu öffnen (was natürlich auch wieder ein Vorgang des Tuns, des sich Beziehens ist, denn jegliche Handlung ist ja auch in der Zeit und hält die Zeit auch in deinem Bewusstsein aufrecht), dich In das zu öffnen, was zeitlos, also jenseits jeder Bewegung ist.

Also ist der Anfang jedes Endes von Zeit auch in der Zeit, und das Erstaunliche ist, dass sich in dem Wunsch, jenseits davon zu sein, diese Qualität enthüllt, die frei ist von der Zeit und frei ist vom Tun oder Lassen, von der Idee des Lassens, die ja genauso eine Idee ist, wie die, zu handeln.

Wenn wir das wirklich verstehen, würde das bedeuten, sobald du jegliche Handlung einstellst, jegliche Idee von Distanz, ist Freiheit.

Daraus ergibt sich auch, du kannst niemals deine wahre Identität werden.

Warum nicht?

Weil sie dann ein Produkt der Zeit wäre, sie aber schon IST und die Zeit kann die Zeitlosigkeit nicht produzieren.

Deswegen sitzen wir auch zu Beginn im Satsang und auch, wenn es sich ergibt, zwischendurch einfach, sind einfach da, weil Da-Sein ein echter Ausdruck von uns ist, der von Zeitlosigkeit, der von präsent zu sein, total präsent zu sein.

In dem Moment, in dem diese Totalität auch nur durch eine Idee von Tun eingeschränkt wird, durch ein sich woandershin Ausrichten oder Definieren, wie's mir jetzt geht („Das ist jetzt Stille, wow, bin ich jetzt still" oder „Jetzt ist ja die Zeitlosigkeit"), ist es vorbei.

Also Zeitlosigkeit in uns, als Widerspiegelung dessen, was keine Zeit kennt, ist totales Da-Sein.

Bist du nicht total da, bist du in der Zeit und dann bist du wieder mit etwas identifiziert, das du nicht bist und niemals werden wirst.

Du wirst ja niemals eine Person, du wirst auch niemals das Selbst, also jegliches Werden ist eine Verhinderung von Sein.

Herzlich willkommen zum Satsang!

41 Die Idee des unpersönlichen Bewusstseins, persönlich zu sein, kann mittels Bewusstheit durchschaut werden, wenn die Suche im Außen wegfällt. Die Sehnsucht nach Freiheit überwindet die Angst vor dem Aufgeben der Idee, dass es im Außen etwas zu holen gibt.

Bewusstsein ist der Mechanismus, aus dem die Welt „gemacht" ist, ein unpersönlicher Mechanismus.

Wenn Bewusstsein still ist, dann zeigt sich Bewusstheit.

Die Essenz von Bewusstsein ist Bewusstheit, und Bewusstheit ist die Qualität, die es ermöglicht, dass der Automatismus des Bewusstseins durchschaut wird und er dann wegfallen kann, wenn erkannt wird, dass er nicht dient.

Wenn Bewusstsein alles „ausdrückt" bzw. alles aus ihm ist, dann ist das unpersönlicher Natur, denn

Bewusstsein an sich ist unpersönlich und im Unpersönlichen kann es zwar so erscheinen, als wäre es persönlich, aber es wird deswegen dennoch nie persönlich, d.h. diese Welt, alles, was hier ist, inklusive „deines" Erlebens und dich eingeschlossen, ist unpersönlich.

„Die Welt ist ein spontaner,
unbewusster „Wunsch" des Bewusstseins.
Und du bist ein Anlageobjekt des Bewusstseins.
Du bist eine Anlage,
und hast Anlagen, Prägungen,
und das ist der unbewusste „Wunsch",
also nicht-willentlich,
des Bewusstseins, dass sich das,
was in dir angelegt ist, auch ausdrückt."

Du bist demnach in deinem Ausdruck ein unerfüllter Wunsch.

Du wirst scheinbar geboren und in dir ist bereits das ganze Programm enthalten, was sich später enthüllen wird, somit sind es Begierden, könnten wir sagen, die sich in der Zeit umsetzen.

Diese Idee, dass es scheinbar etwas Persönliches gibt, kann mittels Bewusstheit durchschaut werden.

Wenn aber die Aufmerksamkeit immer nach außen und von sich selbst weg geht, kann das Bewusstsein sich selbst nie als Bewusstheit erkennen.

Um sich zu erkennen, müssen die wesentlichen Mechanismen dieser Idee einer Person, die glaubt, dass sie von außen etwas bekommen kann, entfallen.

Aber kann man sie einfach wegfallen lassen?

Nein, das kann man nicht. Dafür ist die Sehnsucht da, die Sehnsucht, die anstrebt, was eigentlich die größte Angst einer Person ist, nämlich das Durchschauen der persönlichen Strukturen und das Aufgeben davon.

Natürlich gibt es für eine Person keine Selbstbestimmung, daher muss das Aufgeben geschehen, aber die Idee, dass man es aktiv tun muss, das gehen zu lassen, woran man sich festhält, hält sich hartnäckig.

Das bedeutet, sich von den ganzen Mechanismen, die nach außen gehen und deine Lebensqualität reduzieren, zu verabschieden.

Wie tragisch kann das schon sein?

> *„Das heißt, man muss*
> *das Unglücklich-Sein aufgeben*
> *und einfach nicht der Tendenz folgen,*
> *die ständig im Außen etwas anstrebt,*
> *was dich vermeintlich glücklich macht."*

Die hohe Schule ist demnach, bei sich zu bleiben, das heißt bei dir.

Tatsächlich bist du selbst das Objekt deiner Begierde, das es nicht zu begehren gilt – denn du bist schon, was du bist und anzustreben meinst.

Die Sehnsucht in uns setzt in Gang, dass wir uns begehren, was ziemlich verrückt ist, dass wir selbst, als unsere wahre Identität, zum Objekt der Begierde werden.

Das Gute darin ist, dass je weiter du dich deiner wahren Identität öffnest, desto weniger hält die Sehnsucht dich in der Idee gefangen, dass du von deiner wahren Identität getrennt bist.

Solange wir noch begehren, sind wir noch nicht „angekommen".

In der Sehnsucht ist immer noch eine Trennung und in der gibt es auch immer einen Schmerz, und von dem hatten wir doch mittlerweile genug, oder?

42 Du bist nicht zu retten und alles, was du bisher investiert hast, musst du irgendwann über Bord werfen

„Es gibt nichts zu retten.

Ihr seid nicht zu retten!
Es kann euch auch niemand retten.
Und – es ist nicht nötig.

Für dich ist wesentlich,
die Wahrheit Selbst im Blick zu haben.“

Wenn du das lebst, braucht es keine Rettung, denn dann gibt es nichts, was einer Rettung in Form von Zuwendung oder irgendeiner anderen Form von Aufmerksamkeit bedarf.

Obwohl man so viel in ein schräges Verhalten von Bedürftigkeit und die Erlösung davon investiert hat, muss dennoch die Bereitschaft da sein, diese ganzen Investitionen über Bord zu werfen.

Und das ist keine Kleinigkeit.

Stille, Liebe und Frieden

43 Nur die Stille macht wirklich zufrieden

Erstaunlich ist, dass die wenigsten Menschen die Stille schätzen, die meisten Menschen sie sogar nicht einmal ertragen können.

Für viele ist sie nicht aushaltbare Langeweile, und nur wenige können damit sein, wenn scheinbar nichts passiert.

Das bedeutet dann auch, auf das Spirituelle bezogen, dass man glaubt, nicht voranzukommen, weil scheinbar nichts passiert.

> *„Das Tragische für unsere wahre Identität ist,*
> *und sie „fühlt sich natürlich deswegen*
> *immer wieder schlecht",*
> *dass sie so wenig Beachtung*
> *in ihrer Unscheinbarkeit und Einfachheit*
> *und „ihrer" stillen und ruhigen Art findet,*
> *einfach nur zu sein.*
> *Die Stille muss man zu schätzen wissen!"*

> *Achtung! Humor!*

Entweder hast du bereits die Resonanz zu ihr, aus der heraus oder mittels derer es offensichtlich ist, wie wertvoll sie ist, oder indem du nach und nach deine Tendenzen durchschaust, dich von der Stille abzugrenzen oder fernzuhalten, und dann geschieht automatisch eine größere Öffnung in diesem Raum, der still und scheinbar leer zu sein scheint.

Aber auch wenn „unsere Natur so wenig Beachtung findet", macht es ihr nichts aus, weil sie ja in der glücklichen Lage ist, also wir, dass wir, als sie und wir, von dem, was geschieht, nichts mitbekommen.

Somit kann die Welt so sein und bleiben, wie sie ist. Ob es darin Verwirklichung gibt oder nicht, spielt keine Rolle; ob es scheinbares Leid gibt oder nicht, spielt keine Rolle für unsere wahre Identität.

Diese mag in diesem Zusammenhang kalt und herzlos erscheinen, kann sich aber überhaupt nicht einmischen, weil sie von allem losgelöst ist und daher noch nicht einmal eine Ahnung davon hat, was in der menschlichen Sphäre geschieht.

Für uns hier, scheinbar verkörpert, spielt es natürlich eine Rolle.

„Solange wir denken, dass wir das Verkörperte sind,
sehen wir nicht, dass es lediglich
ein göttliches Spiel ist, das abläuft,
in dem niemand Regie führt und keiner ist,
der dieses Spiel spielt, sondern das Bewusstsein
all das, ohne es zu wollen, ausdrückt."

Und diese ursprüngliche Qualität ist nun mal ereignislos.

So wie es im Samadhi auch der Fall ist: ereignislos.

Samadhi ist ein tiefer Zustand von Stille und „jenseits davon", von Losgelöstheit von dir, in dem das Alltagsbewusstsein vollkommen abtauchen kann.

In diesen tiefen Zuständen ist der Fall, dass man so weit in sich hinein sinkt, dass man nicht mehr weiß, dass man existiert, und sich erst nach dem Auftauchen dessen gewahr ist, dass man gerade im Samadhi war.

Und das weiß man, einfach weil man es weiß.

Und genauso ist das mit unserer Natur:

Man weiß, dass man sie ist, nicht weil man es irgendwo gelesen hat oder es jemand sagt, das ist absolut klar, wenn sie verwirklicht ist.

Mit dieser Einfachheit und unscheinbaren Qualität im Leben zurecht zu kommen, ist das einfachste überhaupt.

Das bedeutet aber, dass man auf das Komplexe im Leben, also auf das Denken und die aufregenden Geschichten, die die Sinne immer wieder ankurbeln, nicht einsteigt und bei sich bleibt.

Bei sich zu sein heißt, still zu sein.

Und da es so aussieht, als würde die Welt an allen Ecken und Enden an uns ziehen, damit wir diesen stillen Raum verlassen, glauben die meisten Menschen, dass es nur die Welt gibt.

„Aber wenn man
nur einen Moment lang innehält,
einen ganz kurzen Moment
innerlich nirgendwo hingeht,
einfach ist,
dann besteht die Möglichkeit,
wirklich zu erkennen, wirklich zu verstehen,
was im Leben wesentlich ist, nämlich das,
was sich nicht verändern kann,
was nicht verschwinden kann,
was immer zur Verfügung ist.“

Sich dem zur Verfügung zu stellen ist das, was dich glücklich sein lässt, alles andere, wenn überhaupt, nur kurzfristig und in Abhängigkeit von äußeren Umständen.

Meist mit dem Nachteil des anschließend unvermeidbaren polaren Absturzes verbunden, der darauf folgt, so wie die Tiefe auf die Höhe folgt.

Und so ist es mit Schmerz, mit Lust und Angst usw. All das sind sich abwechselnde Zustände, die nicht zufrieden machen können.

Aber das muss durchschaut, erfahren und erkannt werden, und dann besteht die Möglichkeit, das zu schätzen, was jenseits davon immer ist, nämlich DU.

44 Es ist so entscheidend, still zu sein!

„Ich bin nicht das Universum,
ich bin nicht Gott,
ich bin keine Form,
ich bin kein Mensch,
ich bin das, was immer ist,
als Einziges, das keine Form kennt,
kein Denken, kein Fühlen,
all das nicht."

Insofern nochmal der Hinweis, es ist so entscheidend, still zu sein, still zu sein, in sich zu ruhen und dem Denken, den Ideen von Identifikation die Energie zu entziehen, indem der Fokus da ist, wo das ist, was still ist.

ॐ

45 Tiefe Stille (Meditation)

Wir öffnen uns der Ebene der tiefsten Stille in uns, dem, was in uns absolut still ist.

Und dafür brauchst du nichts zu tun, diese Ebene zeigt sich dir und senkt sich von alleine ab, an diesen Ort in dir, der dir am vertrautesten ist.

Nichts, aber auch gar nichts, bewegt sich an diesem Ort der tiefen Stille.

Und du erlaubst dir, dass sich deine Aufmerksamkeit dahin orientiert, wo es ganz still ist.

Und nun schau von dort und lass in dir das auftauchen, was diese Stille überlagert, was bewirkt, dass deine Aufmerksamkeit von der Stille weggezogen wird.

Erlaube dir zu sehen, was dich grundsätzlich davon wegzieht, nicht besonders in diesem Moment, sondern grundsätzlich.

Das ist, was dich am meisten bindet.

Und es genügt, wenn es als Energie jetzt in dir auftaucht und dir bewusst wird.

Spüre, wie es ist, wenn du auf diese Weise den Kontakt zur Stille verlierst.

Dann schau, ob du dich jetzt von den Ebenen der Energie der Stille durchdringen lassen kannst,

so dass sich dieser Aspekt der Ablenkung in dir auflösen kann.

Schau, ob es dir möglich ist, dass dieser tiefe absolute Urgrund der Stille auch jetzt an der Oberfläche auftauchen und sich zeigen kann.

Du beobachtest nur.

Du bist immer still. Das, was in dir auftaucht und nicht still ist, bist du niemals. Das, was kommt und geht, bist du niemals.

Du bleibst immer still.

46 Es gibt nur Liebe, aber für eine Person gibt es keine

Für viele ist das einfach nur ein Begriff und jeder hat dann auch noch seinen eigenen Begriff davon, was Liebe ist.

Für viele entsteht aus der Notwendigkeit, nachdem sich die persönlichen Strukturen in uns entfaltet haben, sich als Person geliebt fühlen zu wollen.

Und das geht total an der Liebe vorbei, weil es mit ihr gar nichts zu tun hat, sondern nur jeweils individuelle persönliche Bedürfnisse befriedigen soll, was es selten oder eher nie tut.

> *„Denn Liebe ist nicht dafür da,*
> *persönliche Bedürfnisse zu erfüllen,*
> *im Gegenteil.*
> *In dem Moment, in dem Persönlichkeit ist*
> *oder die Idee ist, da ist jemand,*
> *ist es vorbei mit der Liebe."*

Also mit anderen Worten deutlich gesagt, für jemanden, der denkt, er ist eine Person, gibt es keine Liebe.

Was es gibt, ist ein Ersatz oder diverse Ideen oder Begriffe von Liebe und etwas, was man sich ausmalt, was das zufrieden stellt, was man als Bedürftigkeit spürt, was aber nie passiert, weil es nie passieren kann, dass ein Ersatz für Liebe das leisten kann, was Liebe leistet, nämlich nichts.

Für das, was wir zu brauchen glauben, braucht es eine Leistung, entweder von uns oder von jemand anderem, und Liebe hat mit Leistung nichts zu tun.

Es hat überhaupt nichts mit Tun zu tun.

Es hat auch nichts mit irgendeiner Distanz, die es zu überbrücken gilt, oder mit etwas bekommen können oder jemandem etwas geben können zu tun.

Liebe ist einfach und das ist natürlich für viele als Deutung und Ausdruck davon zu wenig.

Aber sie ist, denn es ist kein Unterschied zwischen dem, was Liebe ist, und dem, was unsere Natur ist – die ist auch einfach. (Hier kann die Betonung auf auch oder auf einfach liegen – beides passt!)

Warum ist dies für dich nicht ersichtlich?

Sie wird für dich nicht sichtbar, natürlich nicht, weil du auf der falschen Ebene nach dem suchst, was auf der richtigen schon ist.

Und das ist das Paradoxon. Du suchst nach dem, was schon ist.

Mit anderen Worten ist die Suche das Fatale bzw. die Idee, dass es etwas zu finden gibt. Und den Ursprung hat es darin, dass man nicht danach schaut, wer derjenige ist, der sucht.

Und natürlich ist die Lösung die, den, der Liebe sucht oder sie brauchen könnte, gar nicht finden zu können, denn, wie gesagt, auf der persönlichen Ebene gibt es das, was Liebe ist, nicht.

Und daraus ergibt sich, dass derjenige, der nicht existiert, auch nichts brauchen kann.

Sich als nicht existent zu erkennen, ist natürlich der größte Horror für „den", der denkt, dass er jemand ist, denn die größte Angst ist die, nicht mehr zu existieren.

> *„Damit stehen Liebe und Angst*
> *in direktem Zusammenhang.*
> *Und viele haben so sehr Angst vor der Liebe,*
> *dass sie lieber in der Angst bleiben."*

Ich wiederhole es gerne noch einmal:

Die meisten Menschen haben so viel Angst vor der Liebe, dass sie lieber in der Angst bleiben! Sie haben dann sowohl Angst vor der Angst als auch Angst vor Liebe.

Prinzipiell wäre es klug, sich für die Liebe zu entscheiden, um sich dann der Angst, dass wenn Liebe ist, man nicht mehr ist, stellen zu können, denn wenn man nicht mehr ist, ist Liebe, und das wissen wir ja bereits.

Wir wissen es möglicherweise nicht bewusst, aber unbewusst, und verhalten uns dementsprechend.

Aber geprägt sind wir natürlich durch die persönlichen Erfahrungen aus frühester Kindheit, und da ist die Idee entstanden, dass wir geliebt werden müssen, und damit ist immer eine bestimmte Vorstellung verbunden, auch in Bezug zu jemandem ganz Bestimmten.

Und dieser ganz Bestimmte wird das nicht erfüllen, weil er es auch nicht kann.

Er kann es erstens grundsätzlich nicht, weil es niemand kann, und zweitens wird das gar nicht wirklich gewollt, dass es jemand erfüllt, d.h. man selber, der von anderen verlangt, dass man ihn liebt, ist selber gar nicht in der Lage, dafür offen zu sein bzw. zu lieben.

Mit anderen Worten, die Öffnung für das, was man glaubt zu wollen, ist gar nicht da, aber die Idee ist da, dass man es bekommen muss und dass es jemand anderes geben könnte.

Das sind alles ignorante Ideen eines scheinbaren Jemand. Damit gibt es nie und wird für einen scheinbaren Jemand nie Liebe, denn Liebe wird nie.

Sie ist!

Um es noch einmal zu sagen oder noch einmal zu betonen: In jeder Form von Bezug ist keine Liebe.

Auf einer anderen Ebene, auf der Ebene, um die es uns hier vor allem geht, müssen wir aber alles widerrufen, was wir gerade gesagt haben:

Es gibt nur Liebe!

So, und jetzt bringe das mal zusammen! Also: es gibt nur Liebe.

„Wenn du nicht siehst, dass es nur Liebe gibt,
dann bist du anderweitig orientiert,
dann ist dein Fokus nicht da, wo Liebe ist –
dann ist er nicht bei dir, nicht bei dem,
was du wirklich bist.
Wenn deine Aufmerksamkeit bei DIR ist,
ist Liebe.“

ॐ

47 Liebe (Meditation)

Wir öffnen uns der Stille in uns.

Und ganz von alleine geschieht es, dass sich dir die
Ebenen der Stille öffnen, dass dich die Stille in die
Tiefe zieht.

Ganz auf den Grund der Stille, wo sich nichts mehr
bewegt.

Nimm wahr, wie sich durch die Stille dein System nach
und nach beruhigt.

Und dann schau, ob du dich von dieser Ebene aus der
Liebe öffnen kannst.

Nimm wahr, wie die Stille dich noch tiefer in sich
hineinzieht, wie sie in der Tiefe deine Form auflöst.

Und wie mit ihr auch die Prägungen, die Form deines
Ausdrucks, sich auflösen.

Wie das Denken und Fühlen sich auflösen.

Dann öffne dich hier, auf dieser Ebene, der Liebe.

Und nimm wahr, ob es einen Unterschied gibt zwischen dir und der Liebe.

Schau, wenn das für dich so ist, ob du dich dir als der Liebe öffnen kannst.

Schau, ob du erlauben kannst, dass diese Liebe jetzt deine physische Form durchdringt.

ॐ

48 Unsere wahre Natur ist die Liebe selbst, deshalb kann man keine Liebe von anderen bekommen, von anderen bekommt man höchstens Kummer

Es ist immer das gleiche simple Spiel, dass man schon ganz früh mit seinen Prägungen konfrontiert ist, und wir denken immer, erst als Erwachsene haben wir damit zu tun.

Wir denken, sie sind erst jetzt entstanden, aber tatsächlich zeigen sie sich erst jetzt und früher schien es so, als wären sie nicht existent, als wäre früher alles anders gewesen, aber es ist früher immer schon genauso gewesen wie jetzt, nur dass es möglicherweise noch nicht sichtbar war!

Man muss einfach schauen, wie ist der Ist-Zustand?

Der gibt dir Aufschluss über deine Themen, denn sind sie nicht erledigt, drücken sie sich nach wie vor genau so aus wie immer.

Nicht, was du denkst, was du lebst, sondern was du wirklich lebst, ist wesentlich, und dass du in deiner Grundstruktur und in deiner daraus entstandenen Tendenz wohl noch ein Kleinkind in einem erwachsenen Körper bist.

Das ist immer wieder erschreckend, will man als Erwachsener doch nicht wahrhaben, dass man noch nach der Flasche schreit und Milch nuckelt und immer noch in seinem Strampler unterwegs ist.

Oder man hat die Flasche nicht bekommen und daraus ist Panik und die Idee entstanden, dass man nicht überleben kann.

Und dann fängt man an zu schreien, man hat diesen inneren Schrei, den man dann allen anderen gegenüber in all dem ausdrückt, was man von ihnen will.

Die Not des Kleinkindes, dass es Zuwendung braucht oder Nähe oder Kümmern oder Nahrung oder was auch immer, irgendetwas, das wichtig war, und was es nicht bekam, wird in Gang gesetzt, wenn du dich später auf andere Erwachsene beziehst.

Die können dir ja nicht die Flasche geben, aber du willst etwas Ähnliches, nämlich dass sie sich jetzt um dich kümmern sollen.

Aber das ist nicht dasselbe wie Liebe.

> *„Man kriegt ja gar keine Liebe*
> *und man will sie auch gar nicht,*
> *aber das kann man kaum verstehen.*
> *Tatsächlich will man Kummer!"*

Eine Taktik ist auch, dass man, weil man denkt, dass man etwas bekommen muss oder sollte, es aber nicht bekommen hat, dann sagt: „So, jetzt kriegt ihr das von mir auch nicht!", also eine Verweigerung oder gar Rache.

Wenn du sie nicht erfahren hast, ist in dir die Liebe, die du bist, nicht im Vordergrund, sondern weit im Hintergrund, und etwas anderes überlagert sie – die Verweigerung von Liebe, in Form von Nähe nicht ertragen zu können:

„Ich will nicht, dass man mir zu nahe kommt!"

Das wird gerne übersehen, weil du denkst, es sind immer die anderen, die an deiner Misere schuld sind:

„Weil die anderen so waren, hatte und habe ich jetzt keine Chance!"

> *„Du kannst keine Liebe bekommen,*
> *der reine Versuch ist schon total schräg,*
> *denn du bist Liebe und es kann sie dir niemand geben."*

Und wenn du dir dann anschaust, was man als Kind gegenüber seinen Eltern anstrebt, was man in seiner Not bekommen will, kann niemals Liebe sein.

Damit strebst du dein Leben lang aus der Not etwas an, was dich sogar von der Liebe fernhält.

Wenn man dann sieht, man bekommt damit eigentlich nichts, es läuft immer alles ins Leere, dann muss man seine Strategie überdenken und erforschen:

„Was gibt es denn dann noch?"

Und was gibt es noch? Das, weshalb wir hier sind, die Wahrheit! Die gibt es noch, die bleibt als einziges übrig, wenn das wegfällt, was nicht wahr ist.

> *„Was ist unsere wahre Identität?*
> *Das ist Liebe Selbst*
> *oder das Nicht-Benötigen*
> *von Liebe von jemand anderem,*
> *also müsstest du die Liebe in dir finden*
> *und nicht in jemand anderem,*
> *das wäre die Lösung."*

Dann wird sofort deutlich, sobald ich mich auf das beziehe, was nicht die Wahrheit ist, läuft der alte Mechanismus wieder.

Und dann gibt es nicht mehr viel, womit du dich noch von dir ablenken kannst.

Deswegen will auch kaum jemand erforschen, kann nicht, und will auch nicht, weil man ja weiß, wenn man sie durchschaut, ist das ein Verlust der persönlichen Überlebensstrategie, und man steht dann ohne alles da.

Man glaubt ja, man ist mächtig in seiner Form und bestimmt und kann von sich fernhalten, was nicht gefällt, aber man fühlt sich dann nackt, wenn die Strategie wegfällt, daher muss man zu dem Nichtwissen, zu dem, wie Leben wirklich ist, bereit sein.

Davor hat man natürlich Angst – vor dem Unbekannten hat man Angst.

Dabei ist man selber als die persönliche Struktur das Unbekannte.

Das muss man sich einmal vorstellen, denn das, was das eigentlich Bekannte ist, ist das, was wir immer sind und was viele Menschen gar nicht sehen wollen.

Das ist das Bekannte, alles andere ist uns fremd, deswegen tut es uns ja auch weh.

ॐ

49 Es gibt nur eines: Du bist zufrieden oder nicht

Es gibt ja glücklicherweise nur ein Thema, auch wenn es für uns immer wieder so aussieht, als gäbe es viele verschiedene Möglichkeiten, sich über die Langeweile hinaus zu beamen, so gibt es ja doch nur ein Thema, und das ist, ob man zufrieden ist oder nicht, und in welcher Form man versucht, das für sich zu realisieren, ob man es nun in dieser scheinbar persönlichen Sphäre zu verwirklichen versucht, oder in dem, was man selber ist, in seiner wahren Identität.

Mit anderen Worten, ob man sich hier in der Manifestation verliert oder sich in dem findet, was man ist.

> *„Und was auch immer man*
> *in dieser Manifestation unternimmt,*
> *in welcher Form auch immer,*
> *ist darauf ausgerichtet,*
> *glücklich zu sein.*
> *Und wahres Glücklichsein*
> *ist identisch mit der Qualität von Liebe.“*

Also letzten Endes geht es um Liebe, denn Glücklichsein in dieser Manifestation ist nur durch unsere wahre Identität möglich und die ist Liebe Selbst.

Und innerhalb dieser Manifestation ist sie es, die das Erstrebenswerte ist, nämlich der Ausdruck von: „Ich liebe es zu sein“.

Das ist das, was man das „Ich bin“ nennt.

Und das ist bereits ein Zustand von Ichlosigkeit. Und erst nachdem man das hinter sich gelassen hat, entfaltet sich das, was man immer ist, das, was man jenseits von jeder Existenz ist, die wahre Identität.

Man kann leider nicht einfach über die persönlichen Einschränkungen hinweggehen und sich in das Spirituelle flüchten, um sich ihnen nicht zu stellen, man kann also nicht in einem Zustand von Ichlosigkeit sein, solange man noch in der persönlichen Struktur gefangen ist.

Daher ist es wichtig, sich auch mit sich selbst auseinanderzusetzen, um sich zu verwirklichen. Und das benötigt den Fokus auf dem, was man wirklich ist, in der Art und Weise, wie es zu einem am besten passt, und in dieser Einzigartigkeit des individuellen Ausdrucks den Fokus zu bewahren.

Das durchdringt und transzendiert damit all das, was man nicht ist, so dass das „übrigbleibt", was man ist.

Dann sind alle Schwierigkeiten beseitigt. Das ist das eine, einzige Thema, das es zu bewältigen gilt.

50 Wenn innen Frieden ist, dann sehen wir alles in diesem Licht

Grundsätzlich ist das Wichtigste, mit unseren Tendenzen, unserem Ausdruck, in Frieden zu kommen.

Dann wird unser Leben ein Ausdruck von Qualität.

> *„Wir sehen uns ja*
> *im sogenannten Außen gespiegelt.*
> *Das, was uns im Außen begegnet,*
> *sind wir innen."*

Und erst wenn wir mit uns selbst im Reinen sind, uns so nehmen können, wie wir sind, was wir erst dann können, wenn diese Idee von „ich" nicht mehr wirkt, dann ist auch für uns nicht nur das Leben selbst o.k., sondern auch die Welt an sich, die vorher ganz sicher nicht nur aus purer Freude bestand und sogar für manche unerträglich ist.

Und das kann sich zu der Einstellung ändern, dass es nicht nur total o.k., sondern wundervoll ist, wie die Welt ist.

Mit anderen Worten, alles kommt von innen, alles geht von innen aus, wenn innen Frieden ist, innen Freude, innen Zufriedenheit oder Glückseligkeit, dann sieht man alles in diesem Licht.

Und darum geht es im Satsang.

ॐ

Leben Selbst: Das, was du bist

51 Leben Selbst lässt das „Tote" zu Schönheit und Liebe werden

Alles, was man als Liebe zu betrachten gewohnt ist, ist eine Form von Beziehung, von der man etwas möchte.

Inwieweit ist das Liebe?

Wir wissen ja, die Liebe hört da auf, wo sie scheinbar beginnt.

Das ist eher Zuneigung und hat mit Affinitäten zu tun, Resonanzen, Vorstellungen, die erfüllt werden sollen.

Aber alles, was du siehst oder dir begegnet und in dir Liebe auslöst, ist eine Öffnung von dir in das, was du wirklich bist.

> *„Alles, was du siehst und Empfindungen von Liebe*
> *und Schönheit in dir auslöst, bist du selbst,*
> *das sich dir in der Färbung der Öffnung in das,*
> *was du bist, als Liebe oder Schönheit präsentiert."*

Blumen selbst sind ohne die Qualität von und in uns nicht schön. Sie bringen das in den Vordergrund und machen das sichtbar, was in uns als Qualität, als Liebe und Schönheit, ist. Nichts ist schön ohne das.

Daran kannst du den Wert deiner wahren Identität ermessen, ohne die für dich Leben überhaupt nicht lebenswert wäre.

Ohne den Faktor in dir, der immer wieder zum Vorschein kommt, wenn auch häufig unbewusst, würdest du überhaupt keine Begeisterung für das Leben haben, du hättest schon längst die Segel gestrichen.

Auch Menschen, die vermeintlich unglücklich sind und leiden oder im Sterben liegen und kaum noch atmen können, klammern sich an das Leben.

Das Leben Selbst ist das, an das sie sich klammern, nicht an das, was im Außen ist.

Das Leben Selbst ist das, was Leben wirklich ausmacht, alles andere ist der Tod, jegliche Form ist der Tod, Vergänglichkeit, nichts, was bleibt.

Und wenn man das Leben mehr und mehr versteht und in sich wahrnimmt, es aufkeimen sieht, dann schätzt man es.

Wenn man sieht, wie es sogar das, was tot ist, durchdringt und zu Schönheit werden lässt, kann man davon nur fasziniert sein!

52 Im „Hier und Jetzt" zu sein, kannst du nicht machen. Öffne dich lieber in das, was du bist

Es geht nicht darum, „hier" zu sein.

Das ist eine Erfindung für Anfänger, das muss man klar sagen, dieses „hier und jetzt" ist Schrott!

In einem „Jetzt" gibt es Vergangenheit und Zukunft, und in dem Versuch, im Jetzt zu sein, habe ich die Vergangenheit und die Zukunft im Blick und verneine sie gleichzeitig.

Inwieweit kann man dann in dieser Verneinung von Vergangenheit und Zukunft „jetzt" sein?

Oder „hier": Inwieweit bin ich jetzt „hier"?

Damit wird gesagt, eigentlich bin ich nicht hier, aber jetzt manövriere ich mich zum „Hier", obwohl „hier sein" immer schon ist.

Das ist alles etwas, das man nicht machen kann, wie jetzt, hier sein oder präsent zu sein.

Präsent zu sein ist eine Folge davon, dass du dich in das öffnest, was du bist, in das, was nicht irgendwo anders ist.

Deine wahre Natur kann nirgendwo hingehen, verstehst du?

Und wenn du dich darauf besinnst, bist du in der absoluten Seins- und Präsenzqualität bzw. wach.

„Hier" zu sein, kann niemand managen, denn du bist hier, wenn man diesen Ausdruck benutzen will, und dieses komische „Jetzt" ist sowieso schon.

Es ist ja sowieso! Muss man da noch ein „Jetzt" produzieren oder sich sagen „ich bin jetzt"?

Also können wir es auch weglassen. Wenn wir es denn könnten...

Qualitäten sind eine Folge von einer Öffnung in DAS, was wir sind.

„Das ist das Geheimnis von Spiritualität,
nichts zu machen außer sich in DAS zu öffnen,
was wir sind –
mehr gibt es nicht zu nicht tun."

Man kann kein Jetzt machen und kein Hier machen, und man kann auch keine Präsenz machen, aber trotzdem weise ich manchmal darauf hin, sei wach!

Aber eigentlich kann man nur sehen, wenn man wach ist, dass man nicht wach ist.

Insofern sind alle Hinweise nicht nur ein wenig daneben und in der Regel schräg.

53 Es gibt nur das unterschiedslose Eine

Ist es nicht interessant,

– dass wir uns gerne mit den Unterschieden beschäftigen, anstatt mit den Gemeinsamkeiten, also anstatt uns auf das zu besinnen, was die Einfachheit an sich ist und was wir alle, als das Einzige sind?

– dass wir uns nicht auf das besinnen und stattdessen auf diese Unterschiede, also auf das, was an der Oberfläche ist, und uns in der Tiefe ja gar nicht berührt, gar nicht berühren kann?

– wir somit in Bereichen suchen, die uns gar nicht das geben können, was wir bereits sind?

> *„Und da wir uns*
> *als eine getrennte Einheit wahrnehmen,*
> *sehen wir andere auch als eine Einheit*
> *und alles andere auch*
> *als jeweils von uns getrennt."*

Und das bedeutet, dass wir Gefangene der Verschiedenheit sind, von Objekten, von all dem, was wir mit den Sinnen wahrnehmen. Es geht dann nur über Probieren, ob uns diese Objekte zufrieden machen oder nicht.

Und wenn wir die „Gnade" erfahren, dass Objekte das nicht können, dann finden wir uns im Satsang wieder, jedenfalls hoffentlich, und widmen uns dem, was das unterschiedslose Eine ist.

Und das ist das, was wirklich glücklich „macht", so dass
der Wunsch nach Objekten außerhalb und innerhalb
von uns gar nicht auftaucht.

ॐ

54 Unbewusst strebst du Leid an, deshalb sei selbst-süchtig und gestehe dir deinen eigenen wahren Wert zu

Bewusstheit (als Ausdruck von Bewusstsein) kommt
ins Spiel, wenn gesehen wird, dass Bewusstsein
Aspekte ausdrückt, die ihm selbst nur weh tun.

Und wenn „es" das immer weiter ausdrückt, müssen wir
davon ausgehen, dass Bewusstsein „es gerne hat",
wenn es ihm weh tut.

Also ist da ein Interesse an Leid. Und das ist für viele
unvorstellbar: „Kann ja nicht sein, denn ich will ja nicht
leiden."

Ja, im Wachbewusstsein, auf der dir zugänglichen
Ebene, kannst du das schon glauben, aber du hast
auch ein Unterbewusstes und ein Unbewusstes, die zu
wesentlichen Anteilen bestimmen, wo es lang geht.

Und das ist auch der wesentliche Grund dafür, dass es
für viele Menschen gar nicht möglich ist, sich dem zu
öffnen, was frei vom Leid ist.

Weil sie durch ihre bewussten und unbewussten
Anteile gezwungen sind, an dem alten, bekannten

Ausdruck festzuhalten, der zwar leidvoll, aber vertraut ist, oder weil die Hoffnung besteht, dass sich irgendwann mal das Leid oder Trauma von alleine erlöst oder sich in Glück und Freude verwandelt oder sich die Verletzungen, die traumatisch waren, auflösen, indem man sich immer wieder unbewusst an den Ort des Opferseins oder Verbrechens begibt.

Und was ist das größte, nicht aushaltbare, menschliche Verbrechen? Sich selbst als persönlich zu sehen!

Und wer sich so sieht, der sieht ein „ich" und ein „du" und ist damit die ganze Zeit in Beziehung, nicht nur zu „ich's" und „du's", sondern auch zu Objekten, und damit nur noch mit dem beschäftigt, was ihm selbst fremd ist.

> *„Widmet sich diese „ich"-Idee dem,*
> *was ihr vertraut ist,*
> *nämlich sich SELBST,*
> *dann verschwindet das Leid und das „ich".*
> *Also sei im positiven Sinne selbst-süchtig."*

Das ist natürlich verpönt, man darf nichts für sich selbst tun, sonst ist man egoistisch, man muss zuerst und auch möglichst grundsätzlich den anderen dienen – aber wer übernimmt dann für uns die Orientierung, die Ausrichtung auf die wahre Identität, wenn es nicht durch uns geschieht? – und welchen anderen könnten wir dienen?

Nein, du musst für dich meditieren!

Wer kann schon von sich behaupten, heilig oder rein zu sein? „Heilig" ist ja auch verpönt, aber heilig heißt, ich bin heil. Und dann kommt dahinter dieses Icke, heil bin Icke, heilig. „Heil-ick" ist niemals heil, das ist unmöglich.

Das bedeutet, man muss sich erst seinen Wert zugestehen.

> *„Das ist, was Spiritualität ist:*
> *Du musst dir deinen eigenen inneren*
> *wahren Wert zugestehen."*

Und dann musst du auch davon wieder irgendwann Abstand nehmen, denn sonst ist immer noch jemand da, der sagt: „Ich bin aber jetzt, nachdem ich vorher dachte, ich bin nichts wert, „göttlich!"

Gestehst du dir deine wahre Identität nicht zu, wirst du auch nichts dafür unternehmen, sie zu verwirklichen.

Damit das dann nicht nach hinten losgeht, indem man sich besonders findet, was ein scheinbares „ich" stärkt, muss die Idee von „Besonders-Sein" verschwinden, damit auch das scheinbare „ich" leichter als nicht existent erkannt werden kann.

Aber wir fangen erst einmal damit an, den inneren Wert zu schätzen. Das ist, was du tust, indem du meditierst und nicht nach außen orientiert bist, dann schätzt du deinen inneren Wert.

> *„Du musst ja nur nach außen gehen,*
> *wenn du dir davon mehr versprichst,*
> *als bei dir zu sein."*

Das liegt auf der Hand. Also musst du nur schauen, was verspreche ich mir durch den Bezug zu Außen?

Und wenn diese Bezüge als nicht stimmig durchschaut sind, können sie einfach wegfallen – am besten das scheinbare „ich" gleich mit.

ॐ

55 Wenn du präsent bist und nicht mehr entkommen oder kontrollieren willst, dann zeigt sich: Du bist das, was diesem weltlichen Spiel zuschaut

Von John Lennon stammt die Aussage „Leben ist das, was passiert, während wir damit beschäftigt sind, Pläne zu machen."

Und das ist eine sehr treffende Aussage, denn während unser System damit beschäftigt ist, verschiedene Positionen abzuwägen, hin und her zu schaukeln, um zu einem Resultat zu kommen, geschieht tatsächlich alles von alleine.

Für jemanden, der denkt, dass er denkt, ist das Denken tatsächlich eine Verhinderung, mit der er aber versucht, bestimmten Aspekten von sich selbst wie unangenehmen Gefühlen, unangenehmen Situationen und unangenehmen Gedanken zu entkommen.

Das bedeutet, dass du dich in eine Position begibst, in der die Idee dich dominiert, dass du glaubst, du könntest etwas kontrollieren oder müsstest bestimmen, wie du oder das Leben funktioniert, weil es es ohne dich nicht alleine hinbekommt, was natürlich ein Witz ist.

Was passiert, wenn du nicht sehen kannst, dass das Leben einfach abläuft, wie es abläuft, und nicht wie du es bestimmst? Was entgeht dir dabei?

Dir entgeht dabei, dass du tatsächlich ein Ausdruck bist, der von all dem, was passiert, völlig unberührt ist, und niemals auf die Idee kommen würde, kontrollieren zu wollen oder gar zu können.

Und damit entgeht dir, dir deiner selbst im Körper bewusst zu sein, als Gewahrsein, das lediglich dem zuschaut, was passiert, ohne sich einzumischen, und dabei alles durchdringt.

Außerdem entgeht dir natürlich die Ebene der totalen Perfektion deiner wahren Identität, die dir die Einsicht liefert, es gibt nichts zu tun – bezüglich der Verwirklichung deiner wahren Identität gibt es überhaupt nichts zu tun – abgesehen davon, kannst du auch nichts dafür tun, denn du bestimmst niemals, sondern alles geschieht einfach so, wie es geschieht.

Ich sage bewusst nicht, wie es bestimmt ist, weil es ja niemand bestimmt. Dazu müsste man jemanden haben, der die Bestimmungen für das, was passiert, festlegt, aber das ist nicht der Fall – wenn wir nämlich nach dem schauen, finden wir niemanden.

Die Dinge laufen so, wie sie laufen – und wir auch.

Die Idee, zu kontrollieren und bestimmten Situationen und Gefühlen entkommen zu wollen, führt zu der Idee „Ich kann mich heraushalten, ich kann auch, wenn es mir nicht gefällt, sagen, hier nehme ich nicht teil!"

Deshalb sind viele Menschen gar nicht da, sie sind nicht präsent, weil sie glauben, dass, wenn sie nicht präsent sind, sie dann von dem Schicksal, was in ihnen tobt, unberührt bleiben können. Und das ist nicht der Fall – im Gegenteil!

> *„Wenn totales Da-Sein ist, totale Präsenz ist,*
> *dann besteht die Möglichkeit,*
> *mit all dem zu sein, was ist,*
> *was du, wenn du nicht präsent bist, nicht fertigbringst."*

Nicht entkommen zu wollen, sondern zu erforschen, wie es ist, wenn du dich dem stellst, womit du bislang nicht zurechtkamst, bietet dir eine andere Perspektive.

Wenn sich dann aus dieser Position heraus keine persönliche Färbung, sondern eine neutrale Sichtweise ausdrückt, die einfach nur schaut, was ist, ist das bereits unsere wahre Haltung.

Bist du in der, kannst du sehen, dass Leben einfach geschieht.

Und das ist die höchste Schule des Lebens – das Herausgehaltensein aus dem, was geschieht.

ॐ

56 Leid entsteht nur dadurch, dass du denkst, dass du das, was du nicht bist, brauchst. Alles ergibt sich einfach, wenn du dich ergibst

Beschäftigst du dich noch damit, dass alles in deinem Leben schräg läuft, oder bist du schon dabei, zu erforschen, warum und was es bewirken soll oder wozu es dient?

Und wenn du siehst, dass es nichts und niemandem dient und noch nicht mal einen Zweck verfolgt, wirst du feststellen, je tiefer du gräbst, dass es einfach nur ein Ablauf von Mechanismen ist, und dann kann es passieren, dass du verstehst, dass es keinen Sinn macht, dich erst darauf einzulassen, um dich dann wieder davon abzuwenden.

Und dann hast du eine Entscheidungshilfe, dich vom Leid abzuwenden.

„Leid ist:
Dass du denkst, dass du das brauchst,
was du nicht bist, dir aber nicht dient."

Und wenn gesehen werden kann, dass die Vermeidung von Leid nur eine Idee ist, die sich nicht erfüllt und wiederum zu Leid führt, dann wirst du dich deinen Tendenzen stellen, anstatt vor ihnen davon zu laufen, und das ist in der Regel das Ende von Leiden.

Du willst es dann wirklich wissen, die Wahrheit wirklich wissen, um all das klar zu sehen, was du über

Jahrzehnte veranstaltet hast, um nur nicht wieder der Unaushaltbarkeit ausgesetzt zu sein.

Wenn du in deiner Struktur lebst, ist Leben für dich unaushaltbar, denn auch die Vermeidung von Unaushaltbarkeit ist unaushaltbar, und damit leidest du ja immer weiter.

Also ist das nicht das richtige Rezept und daher ein Hinweis, wie wichtig die Wahrheit ist, wie wichtig es ist, sie einfach nur wissen zu wollen, denn was du wirklich wissen willst, enthüllt sich dir – das ist meine Wahrheit und Erfahrung.

Und alles andere kommt dann in einer für dich stimmigen Weise auf dich zu.

„Wenn du dich der Wahrheit öffnest,
enthüllt sie dir auch, wie du weitergehen musst,
besser gesagt, es ergibt sich einfach,
wenn du dich ergibst."

Aber „ergipsen" und ergeben und weiter im Gips bleiben, funktioniert nicht mehr. Ergeben geht ja auch nicht, das wissen wir ja, aber es geschieht, wenn klar ist, was dir dient und was nicht.

Dann passiert ein Verstehen, und da die tiefe Ebene von Bewusstsein die des Verstehens ist, kann dann auch die praktische Umsetzung davon geschehen.

57 Die Ausrichtung auf unsere wahre Identität als Gegenmittel zu Begierde und Anhaftung.

Menschsein ist in erster Linie ein Hin- und Herpendeln zwischen Begierde und Abwehr.

Beides ist natürlich Begierde und zeigt, wie gefangen der Mensch darin ist.

Und wie entsteht Begierde? Sie entsteht dadurch, dass wir als Mensch ein Bezugsinstrument sind, ein Ausdruck von Bewusstsein, das sich auf etwas bezieht und sich damit identifiziert.

Und je intensiver das passiert, je stärker die Resonanz dazu ist, umso stärker baut sich ein energetisches Feld auf, das zu einer extremen Anhaftung führt, und in diesem Zwang, diese immer wieder zu leben, sind wir gefangen.

In der Regel entsteht dieser zu einem frühen Zeitpunkt unseres Lebens, in einer Phase, wo wir noch nicht bewusst sind.

Wir leben in dieser Energie, unreflektiert und mechanisch baut sie sich immer weiter auf, und irgendwann finden wir uns, Jahrzehnte später, in derselben unbewussten und unreflektierten, allerdings mittlerweile potenzierten Lage wieder.

„Das heißt, der Aspekt, der uns gefangen nimmt,
ist die Aufmerksamkeit, das sich Beziehen
von uns auf etwas, was auch immer das sein mag.“

Wann immer ein Bezug stattfindet, bedeutet das, du orientierst dich mit deiner Aufmerksamkeit aus deinem Inneren, aus deinem Zentrum, in dem du „zu Hause" bist, nach außen und identifizierst dich mit dem, was dir fremd ist.

Umkehren kann man das Ganze, wenn man merkt, dass das nur zu sich ständig wiederholendem Leid führt.

Erst dann kann man damit beginnen, sich zu beobachten und zu reflektieren, was deine Aufmerksamkeit immer wieder auf das lenkt, was du nicht bist, anstatt in dir als deine wahre Identität zu verweilen.

In der Ausrichtung darauf, in der Öffnung in sie, findet man sich bzw. erkennt sich immer wieder neu als das, was immer innen und nicht vom Außen getrennt ist und bleibt bei sich, selbst wenn die Wahrnehmung nach außen oder sonst irgendwohin geht.

Damit ist die Ausrichtung das wichtigste anwendbare Mittel, um uns von der Identifikation mit dem, was wir nicht sind, zu lösen.

Viel mehr steht uns nicht zur Verfügung, abgesehen vom Gewahrsein und der Bewusstheit, die die Voraussetzung dafür sind, dass wir sehen, wo wir stehen und was erforderlich ist, um das gegebenenfalls zu ändern, denn sonst ist die Aufmerksamkeit im alten, gewohnten Mechanismus gefangen.

Also müssen wir schauen, dass wir uns der Wirkung der unbewussten, leidvollen Aspekte bewusst sind, sie verstehen, und uns davon lösen.

Dieses Abwenden geschieht am besten dadurch, dass wir die Qualität des sich Identifizierens in der Weise nutzen, dass wir uns auf unsere wahre Identität ausrichten, bzw. uns ihr öffnen und beginnen, uns jetzt mit ihr zu identifizieren.

Das Paradoxe daran ist, dass die Identifikation mit der wahren Identität, und damit mit sich selbst, jegliche andere Identifikation auflöst. Und genau das wollen wir ja bewirken.

„Wir können damit sehen, dass der Fokus,
der uns versklavt, genau das Mittel ist,
was wir nutzen können und auch müssen,
um uns von der falschen Identifikation zu lösen
und uns als das zu erkennen, was wir wirklich sind,
nicht uns wieder zu erkennen,
denn niemand kannte sich vorher,
sondern sich zu erkennen."

126

58 *Die Faszination einer Person an Aufregung ist ein Reinfall, der uns die Unaufgeregtheit unserer Natur übersehen lässt.*

All das, was auftaucht und wieder abtaucht, sind Aspekte, die nicht die Wahrheit selber sind, und es ist gut, die Aufmerksamkeit davon abzuziehen.

Und das ist nicht einfach, weil vieles davon in der Person Aufregung bewirkt, die davon fasziniert ist und sie nicht so einfach gehen lassen kann, selbst wenn sie es wollte.

Daher muss ihr die Orientierung hin zu ihrer wahren Natur auch eine gewisse Form von Vorteil oder Aufregung versprechen, denn sonst wendet sie sich lieber der gewohnten, Leid verursachenden, Aufregung zu.

„Für die eigenschaftslose,
bei nicht genauem Hinsehen
unspektakuläre Qualität unserer wahren Identität
ist eine Person kaum zu begeistern."

Daher orientiert sie sich gerne an den Wirkungen, die die Öffnung in unsere wahre Identität in uns auslösen können – wie zum Beispiel das Gefühl von Glücklichsein und Glückseligkeit.

Wir sind aber weniger an irgendeiner Wirkung interessiert, sondern an der Verwirklichung – danach kann man sich ohnehin auch an den Wirkungen erfreuen, aber die Ausrichtung sollte immer „hin" zu unserer wahren Identität geschehen.

Tatsächlich gibt es natürlich gar keinen Unterschied zu da, wo du bist, und wohin sich die Ausrichtung orientiert.

Das bedeutet, man orientiert sich dorthin, wo scheinbar nichts ist, zumindest nichts Greifbares für die Welt der Phänomene.

Und die Kunst der Ablösung von den ganzen Identifikationen besteht darin, die Phänomene der Aufregung einfach zu registrieren, aber nicht auf sie hereinzufallen.

Und damit können wir sagen,

> *„Persönlichkeit ist ein Reinfall*
> *in Bezug auf Phänomene oder Gefühle.*
> *Das ist der R(h)einfall!"*

Was will denn eigentlich eine Person?

Sie will sich gut fühlen. Also in jedem Fall fühlen, damit sie weiß, dass sie da ist, und sich dann auch noch gut fühlen.

Und wann passiert das wirklich? Oder ist es möglich, dass man ein bestimmtes Gefühl, das man als gut bezeichnet, immer haben kann?

Das ist bereits eine Falle. Da fängt es an und dann hat man eine bestimmte Form des Ausdrucks, die man vor sich herträgt und der man dann hinterherjagt, übersieht allerdings die „Nacktheit" dessen, was man ist – die Unaufgeregtheit unserer Identität.

„Und solange noch viel Aufregung im System ist,
wird diese subtile, wahre Qualität
einfach übersehen."

Daher ist Meditation hilfreich, Satsang ist hilfreich, die Orientierung „hin" zu dem, was du bist, ist hilfreich, damit das System transparenter und dann empfänglich für das Wahrnehmen der subtilen Qualitäten ist und so wahrnehmen kann, wie störend Aufregung sein kann.

Das ist alles hilfreich, um die falsche Identifikation aufzulösen, aber eine Person ist, wie gesagt, zunächst an Aufregung interessiert, um unangenehme Gefühle zu übertönen.

In dieser Schaukel befindet sich diese Struktur einer scheinbar persönlichen Identität, von sich gut fühlen und sich nicht gut fühlen. Das ist schon alles.

Aufwachen und Befreiung

59 Man kann etwas für sein Aufwachen tun und kann doch nichts dafür tun

Die wenigsten, die noch voller Verhaltensmuster sind, die mit absoluter Wucht noch durch ihr Leben hindurchfegen, wachen auf.

Was geschehen muss, ist, dass das ausgeräumt werden muss, was verhindert, dass man nicht erkennt, wer man ist, denn sonst geschieht eben immer wieder genau das, was dich davon abhält, zu erkennen, wer du bist.

So ist die Lage.

Solange du davon ausgehst, dass du jemand bist, der bestimmt, was er tut, muss in dir der Entschluss reifen, das aufzulösen, was du nicht bist, und in die Tat umgesetzt werden. Das ist schon Herausforderung genug!

Auch wenn du für dich weißt, dass du nicht jemand bist, der bestimmt, was du lebst, müssen sich trotzdem für das Aufwachen deine Prägungen und deine Verhaltensweisen auflösen.

Unabhängig von beiden Sichtweisen ist die Wahrheit die, dass geschieht, was geschieht und niemand es bestimmt.

Damit wäre alles, was für das Aufwachen zu tun oder nicht zu tun wäre, nicht von dir abhängig – abgesehen von den Voraussetzungen, die dafür in dir angelegt sein müssen.

Du kannst nichts bestimmen, aber steht an, dass du aufwachst, wird dein System, selbst wenn du weißt, dass du nicht bestimmst, dem Impuls folgen, aufwachen zu wollen.

Das könnte dann so aussehen, dass du dich deiner waren Identität konsequent widmest (unabhängig davon, ob du es bestimmst oder es bestimmt ist).

Widmet man sich seiner wahren Identität, konsequent, kann man sich zu einem großen Grad von den Mustern befreien, die dir in dem Wunsch, frei zu sein, bewusst werden.

Da wir sowieso diejenigen sind, die nichts tun, aber dennoch Handlung ausdrücken, kommt man an der Handlung nicht vorbei.

„Und bevor du, wie gesagt,
den alten bekannten Mustern folgst,
die dich als gefangen empfinden lassen,
dann folge doch lieber einem neuen „Muster",
das dich dem öffnet, was du bist,
und dann geschieht das Sehen von dem,
was du nicht bist,
und du wirst mehr und mehr
in der Qualität der Bewusstheit,
in Form von Anwesenheit, verweilen."

Alles andere ist Wahnsinn.

Es ist nun mal so, dass niemand anders kann, als es sich durch ihn gerade ausdrückt oder eben nicht ausdrückt.

Und wenn der Impuls da ist, etwas auszudrücken, geschieht es, und wenn er nicht da ist, eben nicht. Aber nie war jemand da, der das unabhängig von allem Geschehen jemals aus eigenem Antrieb entschieden hat.

In diesem Gesamtereignis, was dieses Universum nun mal ist, ist es so, dass es auch nicht anders sein kann, dass der ein oder andere erwacht, und der ein oder andere nicht.

Der ein oder andere hat dann vor dem Erwachen den Impuls, dafür etwas zu tun, bzw. es zu wollen, und zwar unbedingt.

Und andere haben möglicherweise davon nie etwas gehört oder davon gewusst und es passiert einfach von alleine, aber leider nur bei ganz wenigen.

> *„Die meisten, die davon berichten,*
> *dass Aufwachen geschehen ist,*
> *haben viel, viel, sehr viel dafür getan,*
> *um ihre Prägungen zu durchschauen*
> *und sich ihrer wahren Identität*
> *in allen möglichen Varianten*
> *von Öffnung und Annäherung zu widmen."*

Leider halten dies auch viele geheim, weil sie lieber lehren, dass es nichts zu tun gibt – aus dem

Blickwinkel, dass das, was wir sind, das ist, was wir immer schon sind, stimmt das ja auch, aber der Grund, das als Strategie zum Erwachen zu lehren, mag sein, dass sie hoffen, dass es sie mit mehr Schülern versorgt, aber diese auch leider nicht mit der Wahrheit.

Abgesehen davon ist es nicht so, dass zwangsläufig Freiheit auftaucht, wenn man etwas dafür tut.

60 *Das, was du als Person tust, tust du grundsätzlich nur für dich, und für die Ausrichtung auf deine wahre Identität musst du egoistisch sein – aber ... !*

Viele glauben ja tatsächlich oder machen sich vor, sie praktizieren Spiritualität als Liebesdienst für andere.

Aber bist du wahrhaftig, musst du dir zugestehen, dass du die Ausrichtung auf deine wahre Identität vor allem für dich praktizierst – und auch praktizieren musst, denn es kann ja niemand für dich tun ...

Dennoch ist es so, dass man, obwohl man für sich selbst meditiert, gleichzeitig auch die anderen davon profitieren.

Der Grund dafür ist, dass wir von den anderen nicht getrennt und in unserer wahren Identität dasselbe sind.

Somit hat alles, was sich durch uns und auch durch andere ausdrückt, auf die jeweils anderen eine Wirkung.

> *„Damit ist die Meditation ein geniales Mittel,*
> *auf einer tiefen Ebene*
> *etwas zu bewirken,*
> *was man an der Oberfläche*
> *mit anderen Maßnahmen*
> *niemals erreichen kann."*

Es gilt aber, dass eine Person nur sich selber sieht, und damit vor allem nur das tut, was ihr selber dient.

So ist die Person gestrickt, oder „gewebt", sie hat „sich selbst" durch den wiederholten Ausdruck der Prägungen da hinein gewebt.

„Person" ist ein anderes Wort für Bedürftigkeit.

Solange diese Idee von „ich" noch wirkt, ist „ich" ein anderes Wort für Bedürftigkeit.

Damit ist alles, was du tust, ein Deal. Du tust etwas und willst etwas dafür.

Damit hätten wir dann ein Unternehmen, das Handel treibt.

Und das bezieht sich auch auf die Spiritualität, in der du das, was du tust, für dich tust – aber aus der Perspektive einer sogenannten Person wird und muss die Ausrichtung auf die wahre Identität egoistisch sein, denn sonst wirst du keinen Finger für deine Verwirklichung rühren!

Und wenn du es für jemand anderen zu machen glaubst, machst du dir das vor.

Daher sei ehrlich und mach' es doch gleich für dich.

Dann hat das Energie:

„Ich tu's für mich!"

Und damit bist du authentisch.

ॐ

61 Sich selbst verwirklichen – das muss man „selber" tun

Es geht um die Selbst-Verwirklichung. Somit kann auch niemand anderes uns selbst verwirklichen.

Auch ein Meister kann dich nicht verwirklichen, aber wenn der Moment gekommen ist, in dem sich DAS zeigt oder zeigen soll, weil es ansteht, dann ist ein Meister dabei eine große Hilfe.

Also alles „selbst"!

Auch das Advaita, was deutlich darauf verweist, dass man nicht-handelnd ist, ist ein aktiver Weg, eine aktive Verwirklichung, die man „selber" vornehmen muss.

Die Betonung liegt also auf „selber, selber, selber", solange man glaubt, dass man jemand ist, wird man davon überzeugt sein, dass man alles selber bestimmt und auch umsetzt.

Wenn man erkennt, dass das nicht so ist, hat man gesehen, dass alles immer schon von alleine passiert, nie jemand jemals etwas bestimmt oder getan hat.

Alles geschieht durch uns hindurch, und so geschieht es allem, was auch immer im Universum auftaucht, sei es ein Planet, sei es eine Ameise, eine Mikrobe oder unsere Erscheinung.

„Alle werden von der Substanz bewegt,
die im Universum regiert, und die Substanz ist
– so nennen wir sie in dem Konzept,
in dem wir uns hier bewegen –
das Bewusstsein.

Das Bewusstsein ist Bewegung selbst,
nicht Stillstand.

Ein Nachlassen unserer Tendenzen bewirkt,
dass die Wirkung unserer wahren Identität auf uns
leichter wahrnehmbar ist.
Also geht es darum, soweit wie möglich, die
Tendenzen zum Stillstand zu bringen."

Eine wesentliche Voraussetzung dafür ist zu verstehen, dass dafür keine Bewegung notwendig ist, sondern lediglich die Erkenntnis, dass man immer schon das ist, was absolut still ist.

Und das ist die Einladung im Satsang, im Live-Chat, in Retreats, wo auch immer:

Sich als das zu kennen, zu vertiefen und dadurch zu verwirklichen, was man ist.

Und wie gesagt, das muss man selber tun – am besten durch Nichttun.

ॐ

62 *Aufwachen, Erwachen und Verwirklichung*

Was ist denn Erwachen?

Erwachen ist doch so, wie wenn man am Morgen aus dem Traum erwacht, die Klarheit, dass der Traum nicht real war.

„Erwachen ist nichts anderes,
nämlich das Aufwachen aus dem Wachzustand
in die Gewissheit,
dass dieser Wachzustand ein Traum ist,
so dass man sich nicht mehr in dem Traum befindet,
weil diese Idee von „ich" sich darin aufgelöst hat."

Was noch nicht bedeutet, dass zum Zeitpunkt des Aufwachens schon die ganzen Anteile der falschen Persönlichkeit aufgelöst sein müssen.

Es ist sehr häufig der Fall, dass danach noch einiges zu „tun" ist, bzw. zu lassen (nicht zu tun) ist, und dass wenn noch viel Unerledigtes übrig geblieben ist, die

Möglichkeit besteht, dass die Identifikation mit dem „ich" entweder phasenweise wieder auftaucht oder gar wieder dominiert.

Dann gilt es, den Fokus möglichst immer DA zu haben.

Denn entweder hat man ihn da und dann ist Freiheit oder man hat ihn nicht da, dann wird Unfreiheit gesehen. Dann erscheint das Leben wieder wie eine Last.

„In der Verwirklichung setzt man das,
was im Aufwachen und schließlich im Erwachen
erkannt wurde,
(Erwachen ist für mich identisch mit Verwirklichung),
in die Tat um,
so dass es dann einen Punkt gibt,
an dem klar ist: „Ich bin DAS!",
und die Verwirklichung von dem,
was gesehen wurde, ist geschehen."

Das bedeutet nicht, dass es sich dann nicht noch immer weiter vertieft. (Und das wiederum heißt nicht, dass du dann noch nicht verwirklicht bist.)

Das heißt einfach nur, dass nach der Verwirklichung auch die Stille eine andere Tiefe bekommt, deine Präsenz eine andere Tiefe bekommt und in das Verständnis von dem, was du bist, immer mehr Klarheit kommt und auch diese sich immer weiter vertieft.

Das hört nie auf.

„Es wird im Aufwachen erkannt,
dass das hier nicht real ist
und dass du DAS bist, was real ist,
du DAS bist, was jenseits von allem ist,

nicht der Körper bist,

und das Geschehen dieser Welt,
die gesamte Welt, in dir ist.

Damit ist jegliche
Trennung aufgehoben.

Das ist, was Aufwachen ist!
Und dass das so bleibt, ist Verwirklichung.“

ॐ

63 Erleuchtung (Meditation)

Wir öffnen uns der Qualität in uns, der es selbstverständlich ist, dass Erleuchtung schon ist.

Diesem tiefen Wissen, dass nichts zu erreichen ist, weil alles das, was zählt, Erleuchtung schon ist.

Wir erlauben, dass diese Qualität sich jetzt auf unser gesamtes Energiesystem ausweitet, ausdehnt, also auch über den Körper hinaus.

Über das Universum hinaus, über alles, was ist, hinaus, denn da ist es schon.

Erleuchtung ist.

Erleuchtung ist, und es ist niemand, der erleuchtet ist.

Nur Erleuchtung ist.

ॐ

64 Auch und gerade im Schmerz einer vergangenen Erfahrung muss man mit dem sein, was ist

Was hilft es, wenn man in einer längeren Phase von Frieden und Liebe, Ungetrenntheit und Bewusstheit ist, und das danach nicht mehr ist?

Es ist sehr viel schmerzhafter, eine Erfahrung gemacht zu haben (denn es ist nur eine Erfahrung, wenn sie nicht geblieben ist), weil das, was dann davor war und was dann danach kommt, für den, der diese Erfahrung gemacht hat, nicht mehr akzeptabel ist.

Das heißt, es verursacht sehr viel Leid, scheinbar heraus gefallen zu sein, weil man nun diese Qualität kennt, die jenseits vom Leid ist.

Und was bleibt dann? Es bleibt entweder die Verzweiflung oder sich wieder seiner wahren Identität zu widmen, also dieser Einfachheit, sich nirgendwohin zu bewegen, und aus dieser Bewusstheit heraus das Leben zu leben.

Wenn es ansteht, stellt sich wieder ein, was zuvor gesehen wurde, was aber auch, wie gesagt, nur ein

Hinweis ist, da es nur eine Erfahrung war, denn Erfahrungen sind nicht Verwirklichung.

Außerdem wiederholt sich das nie, was man erfahren hat, sodass es müßig ist, danach zu streben.

Aber leider will man genau das wieder haben!

Am besten ist, sich darin zu üben, mit dem zu sein, was ist, was auch immer das ist.

ॐ

65 Wenn das Bewusstsein den Fokus auf die wahre Identität richtet und so davon angezogen wird, wie eine Motte vom Licht, geschieht Befreiung

Befreiung selbst ist ohne irgendwelche Teile, ohne ein Subjekt, ohne ein Objekt, also ohne eine Qualität, die sich auf etwas beziehen könnte, von hier auf ein Da oder von einem Jemand auf ein scheinbares Etwas oder irgendeinen anderen Jemand.

Da gibt es nur DAS.

Das ist, was Befreiung ist.

Das ist, was erkannt wird.

Natürlich wird dann gesehen, dass es den persönlichen Faktor nicht gibt, der bestimmen und handeln könnte.

Handlung geschieht dennoch, und das ist natürlich verführerisch und für das Bewusstsein ein Argument, dass es sich wieder vormachen kann, dass da doch jemand ist, denn sonst wäre ja das Bewusstsein „arbeitslos und damit die Welt verloren".

Die lebt nur davon, dass das Bewusstsein selbst dieses Spiel spielt, dass es sich auf alles Mögliche bezieht.

Das Prinzip von Beziehung, ob eine gute oder schlechte Beziehung, egal – für das Bewusstsein ist wichtig, Hauptsache eine Verbindung irgendwohin, egal ob sie dient oder nicht, da wird grundsätzlich nicht unterschieden.

Da durch dieses sich Beziehen eine Identifikation geschieht, ist die zwangsläufige Folge davon, dass der scheinbare Jemand, der sich bezieht und identifiziert, darunter leidet.

„Wenn sich aber dieser Impuls einer Verbindung
in uns als Sehnsucht nach Freiheit und Ausrichtung
auf unsere wahre Identität fokussiert,

erweist sich,
was normalerweise
für uns ein Nachteil ist,
für uns als absoluter Vorteil,

um uns auf diese Weise
in unserer wahren Identität zu verankern,
mit anderen Worten diese nicht mehr zu verlassen."

Dafür ist die Faszination an der Wirkung, die das auf uns hat, so wesentlich, denn haben wir kein Argument, uns auf unsere wahre Identität zu fokussieren, bleibt es bei der Anhaftung an uns schadende Objekte.

Kann man die wahre Identität aber schätzen, haben die Aspekte, die uns vorher haben leiden lassen, auf uns keine Anziehung mehr.

Diese Änderung des Fokus braucht es unbedingt, um sich erfolgreich der „eigenen" wahren Identität zu widmen.

Abgesehen davon, kann man das nicht selber entscheiden.

Das müssen wir hier auch ganz nebenbei erwähnen.

Es kann nicht oft genug gesagt werden.

„Es sieht jetzt beinahe so aus,
als könnte man das machen.
Aber es ist niemand da, der es machen kann.

Alle Dinge, die scheinbar gemacht werden,
passieren einfach aufgrund dessen,
was als nächstes im Universum ansteht
und sich im Laufe der Zeit so entfalten muss,
und nicht, weil ein einzelner persönlicher Faktor
durch eine besondere Anstrengung zur Freiheit findet."

Und es ist nicht garantiert, dass am Ende Freiheit für dich dabei herauskommt.

„Aber Freiheit, und das ist die Wahrheit,
ist immer da, unabhängig davon,
ob sie gesehen wird oder nicht."

Sie enthüllt sich denen, die sich von der eigenen Sehnsucht, in dem Fokus auf das, was sie wirklich sind, verspeisen lassen.

Ebenso wie die Motte, die ins Licht fliegt und nicht darüber nachdenken kann, ob sie es überlebt, weil diese Anziehung so stark ist, dass sie sich in dem Licht auflöst.

Das ist das, was für Befreiung notwendig ist.

ॐ

66 Die einzig stimmige Motivation für die Auflösung von Prägungen ist der Wunsch nach Freiheit

Wir werden uns erst dann dessen gewahr, dass wir Liebe selbst, unsere wahre Identität sind, wenn ein hohes Maß an Auflösung der Prägungen geschehen ist.

Dann scheint die Bewusstheit durch sie hindurch und das Leben nimmt eine vollkommen andere Qualität an.

„Wenn nur ein Mensch
sich seiner Prägungen bewusst ist,
sie durchschaut und auflöst,
dann hat das zur Folge,
dass andere Menschen,
aber besonders die in Resonanz zu ihm,
es leichter haben, sich ihrer eigenen Themen

ebenfalls bewusst zu sein,
sie anzuschauen und sie aufzulösen."

Insofern dienst du den Menschen, wenn du die Prägungen auflöst.

Aber du solltest sie nicht auflösen, um den Menschen zu dienen, das wäre die falsche Motivation.

Die einzig stimmige Motivation für die Auflösung der Prägungen ist der Wunsch nach Freiheit.

67 Befreiung gibt es nur in der Ewigkeit, außerhalb der Zeit

Wenn du deine Natur nicht kennst, dann warst du noch nie präsent.

Du warst noch nie anwesend, sondern in der Zeit verhaftet, und die Zeit ermöglicht keine Freiheit, d.h. innerhalb dieser Zeit, diesem Phänomen Zeit, gibt es keine Befreiung.

Die gibt es nur, wenn das System einen Schritt heraus aus der Zeit in das macht, was Nicht-Zeit ist. Einen Schritt hinein in das, was wir die Ewigkeit nennen.

Aber Ewigkeit ist keine Zeitdauer, sie beschreibt die Qualität unserer Natur. Und diese Ewigkeit ist immer frisch, und „immer" ist schon falsch, ja, da versagt die Sprache.

Tatsächlich tritt unsere wahre Identität nicht in Erscheinung. In dem Moment, in dem sie in Erscheinung treten würde, wäre sie ein Etwas, das der Zeit unterworfen ist, und das ist nicht der Fall.

Also, wenn wirklich Verwirklichung sein soll und deine wahre Identität das ist, was du bist, logischer kann es kaum sein, dann ist es nicht in der Zeit zu erreichen, sondern jenseits davon.

Also musst du dich so positionieren, dass du nicht in der Vergangenheit lebst, der Gruft ausgeliefert, in der der Verstand sich gut auskennt und der aus ihr alles Mögliche herausholt und dir präsentiert, so wie auch eine vermeintliche Zukunft, die Versprechen enthält, die in der Regel nicht gehalten werden können.

> *„Die Zeit und nichts führt dich dahin,*
> *wo du schon bist, denn du bist da schon.*
> *Und das, was ist, ist jenseits der Zeit."*

Also ist jegliche Bemühung, jegliches sich Beschäftigen mit der Vergangenheit und Projizieren auf die Zukunft – wie die Idee „ich werde frei sein", nicht dienlich.

Sondern es ist dienlich, nichts von dem zu bedienen, was du zu sein scheinst.

Und wenn du dich der wahren Identität immer wieder öffnest

– auch wenn der Versuch der Öffnung natürlich auch eine Handlung ist, die in der Zeit geschieht –

aber du dich dafür öffnest, da zu sein, anwesend, präsent zu sein, dann bist du in der Zeitlosigkeit, in der das Energiesystem stillzustehen scheint und sich so anfühlen kann, als wäre es vollkommen bewegungslos.

Und darauf wartest du ja schon ewig.

Wenn du drauf wartest, ist es wie ewig, so als würde es sich nie enthüllen.

68 Freiheit ist ein Sich-Verabschieden von dem, was man nicht hat und auch nicht ist

> *„Freiheit braucht jemanden, der sie will,*
> *sonst gibt es keine Freiheit."*

Für den, der Freiheit ist, gibt es sie jedenfalls nicht, denn sie existiert ja nur durch den Unterschied – Freiheit braucht einen Kontrast, einen Gegenpol, nämlich den der Gefangenschaft.

Also genau genommen gibt es keine Freiheit.

Dann gibt es logischerweise auch keine Gefangenschaft.

Davon abgesehen will ohnehin kaum jemand Freiheit, weil das bedeutet, etwas abzugeben, etwas aufzugeben. Freiheit heißt ja immer „frei von..."

Es ist ja nicht so, dass sich das, was man vorher als Unfreiheit erfuhr, in Freiheit verwandelt.

Das geschieht nicht.

Es ist also immer ein Weniger-Werden von dem, was vorher war, und ein Gehenlassen von dem, was vorher war.

Nur gehen lassen will keiner wirklich und kann auch aus den verschiedensten Gründen nicht:

Erstens, womit man total identifiziert ist, kann man nicht gehen lassen, weil man meint, wenn man es loslässt, ist man nicht mehr da, und zweitens, weil man das, was man meint loslassen zu müssen oder zu können, gar nicht hat, somit kann man es ebenfalls nicht loslassen.

„Also das ist das Dilemma eines Suchers,
der die Idee hat, er müsste irgendetwas loslassen
oder mehr werden, was genauso hinderlich ist,
weil beides nicht geht."

Es ist ein Sich-nur-Verabschieden, und das ist die Einfachheit von Freiheit, ein nur Sich-Verabschieden, oder Bereit-Sein dafür, dass das geht, was man sowieso nicht hat und auch nicht ist.

Und dann, ja, wenn man nicht mehr daran festhalten kann, bleibt das übrig, woran niemand festhalten kann. Das ist Freiheit. Willkommen zu dem, was übrigbleibt, wenn die Idee von uns nicht mehr ist.

69 Aufwachen ist eine Erfahrung in der Zeit, die Verwirklichung dagegen bleibt

> *„Aufwachen ist nicht jenseits der Zeit,*
> *es ist eine Erfahrung, die geschieht.*
>
> *Verwirklichen ist etwas anderes.*
> *Verwirklichen ist das, was bleibt."*

Vor dem Verwirklichen ist die Tendenz, sich an bestimmten Erfahrungen, Gefühlen und Umständen oder dem, was man mit der erweiterten Wahrnehmung (des Aufwachens) erfährt, festzuhalten und für die Verwirklichung zu halten, was sie aber nicht sind.

Davor warne ich immer und immer wieder, weil das für viele eine Falle ist.

Es braucht einfach nach dem Aufwachen diese Konstanz der Aufmerksamkeit, des Ausrichtens auf das, was man ist, aber auf keinen Fall, um Zustände anzustreben, damit liegst du komplett daneben, du tendierst dann dazu, einen bestimmten Zustand zu erleben, und das hat mit deiner wahren Identität nichts zu tun, gar nichts.

70 Verwirklichung bedeutet, dass der Dirigent in dir abgetreten ist und die Musik ganz von alleine spielt

Welche Melodie stimmst du an als deinen Ausdruck, als deinen energetischen Ausdruck?

Welchen Platz auf der Tonleiter nimmst du ein?

Was sendest du aus und was empfängst du?

Womit schwingst du? Oder was schwingt in dir mit?

Was auf der bewussten und was auf der unbewussten Ebene?

Und inwieweit überlagert die unbewusste Ebene die bewusste Ebene oder ist der Unterschied zwischen beiden Ebenen aufgehoben, existiert nicht mehr?

> *„Das ist, was man Verwirklichung nennt,*
> *dass das Unbewusste seine Kraft verliert*
> *und nur noch Bewusstheit ist,*
> *also dass nichts in dir spielt,*
> *was dir nicht bewusst wäre."*

Und dass du es nicht spielst, sondern es sich spielt. Und nichts in dir sich dem entgegenstellt.

Also dass der Dirigent in dir abgetreten ist, der den Taktstock sowieso immer nur nach dem geschwungen hat, was ihm zu schwingen bestimmt war.

Besonders in dieser Rolle, sieht es ja so aus, als wäre totale Kontrolle über die Musik und das Bestimmen davon, wann und wie die Musiker spielen – kaum zu glauben, aber wahr, dass nichts davon wahr ist.

„Aber es ist so.

Keiner spielt sich selbst."

دی

„Eine Reise zu Dir"

Talks und Gespräche
am Heiligen Berg
Arunachala

**„Nicht-Beziehungs-
Geschichten"**

Ein Buch für alle, die
hinschauen und sich
nicht in Nicht-Bezie-
hungen verstricken
wollen –
mit Ernsthaftigkeit und
humorvollen Einlagen

**„In den Armen
der Freiheit"**

Ausgesuchte Texte
aus dem Silvester-
Online-Retreat 2020/21:

„Du bist schon mittendrin, gehalten von dir selbst,
denn Freiheit bist du selbst!"